パーツを使って
Lace, Floralmotif, Beads...
アクセサリーと布こもの

mizue uchida　yumiko tada　hitori akagi
内田瑞恵　夛田由実子　あかぎひとり

contents

レースや花モチーフを使って……内田瑞恵

01.02.03　ヘアピン … page 4

04　ヘアゴム … page 5

05　バレッタ … page 6,7

06.07　ヘアバンド … page 8,9

08.09.10　ブローチ … page 10,11

11.12.13　ネックレス … page 12,13

14.15.16　リース＆ブーケ … page 14,15

17.18.19　ガマロ … page 18～20

20.21.22　ブックカバー … page 19～21

23.24　バスケット … page 22,23

25.26　バッグ … page 24～27

Message by mizue uchida … page 28,29

✣✣✣✣✣
ビーズ、リボンを使って……多田由実子

27.28　リング … page 30,31

29.30.31.32　リング … page 32,33

Message by yumiko tada … page 34,35

✣✣✣✣✣
アンティークパーツやフィギュアを使って……あかぎひとり

33.34　エンブレム … page 36,37

35.36　チャーム … page 38,39

37.38.39　チャーム … page 40,41

Message by hitori akagi … page 42

ショップリスト … page 43

こんな素材、パーツを使っています
Parts & Material … page 44～47

あると便利な道具&用具 … page 48

作り方 … page 49～95

Lace & Floralmotif | Beads & Ribbons | Antiqueparts & Figures

mizue uchida's proposal

レースや花モチーフを使って
……内田瑞恵

01.02.03 hairpin
小さな花モチーフのレースで
ヘアピン
How to make → page49

04…gum for hair
リネンとレースを重ねて
ヘアゴム
How to make → page50

| Lace & Floralmotif | Beads & Ribbons | Antiqueparts & Figures |

mizue uchida's proposal

05…**barrette**
モチーフレースをたっぷり使い
ヘッドドレスみたいに
バレッタ
How to make → page51

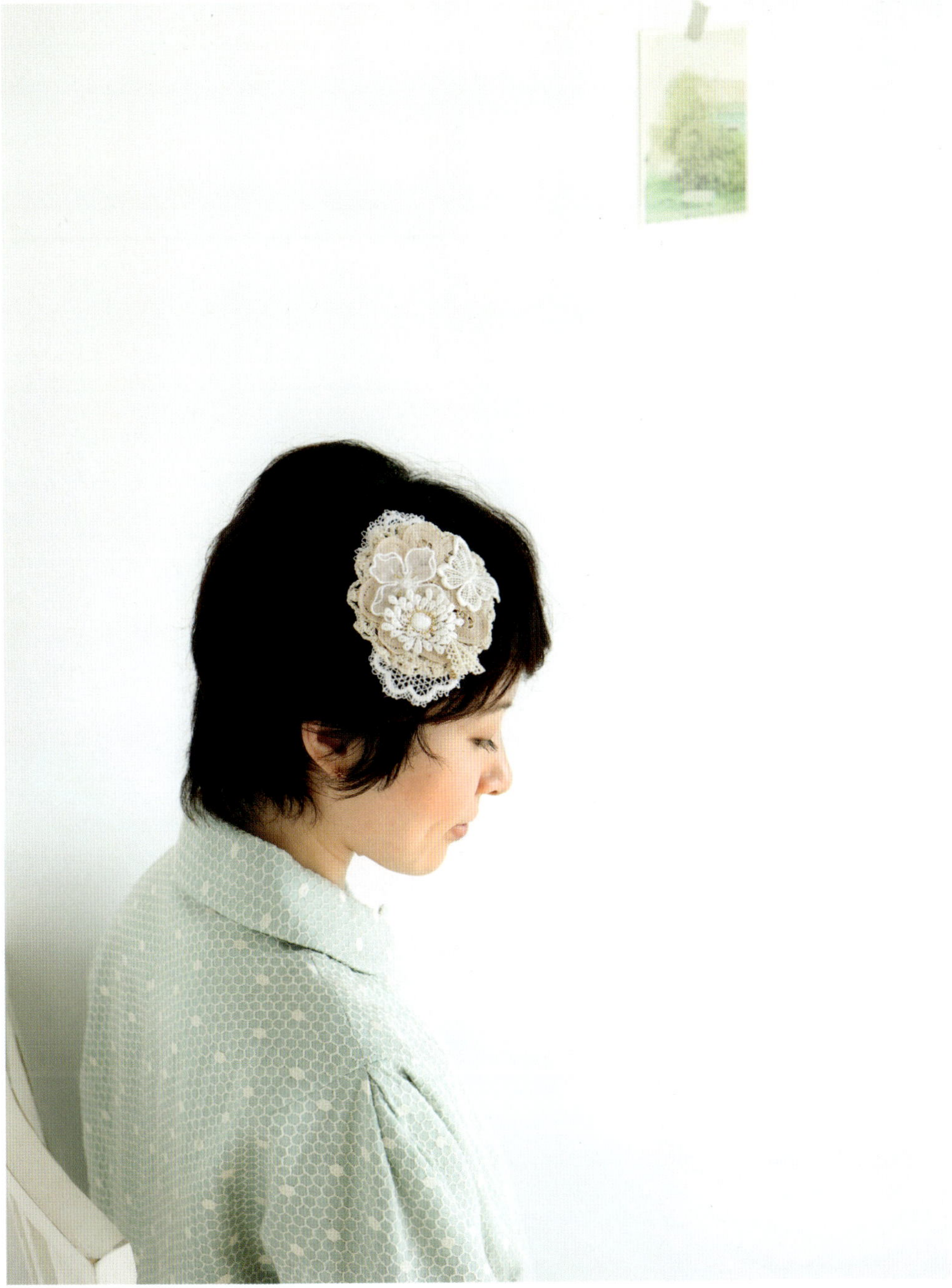

| Lace & flowermotif | Beads & Ribbons | Antiqueparts & Figures |

mizue uchida's proposal

06 ...band for hair
ハードになりがちなレザーも
花飾りでスイートに
ヘアバンド
How to make → page52-53

07…band for hair
ナチュラルな麻素材にバテンレースをアレンジ
ヘアバンド
How to make → page54-55

| Lace & flowermotif | Beads & Ribbons | Antiqueparts & Figures |

mizue uchida's proposal

08.09.10…brooch
砂糖菓子みたいに甘い3点
ブローチ
How to make → page56

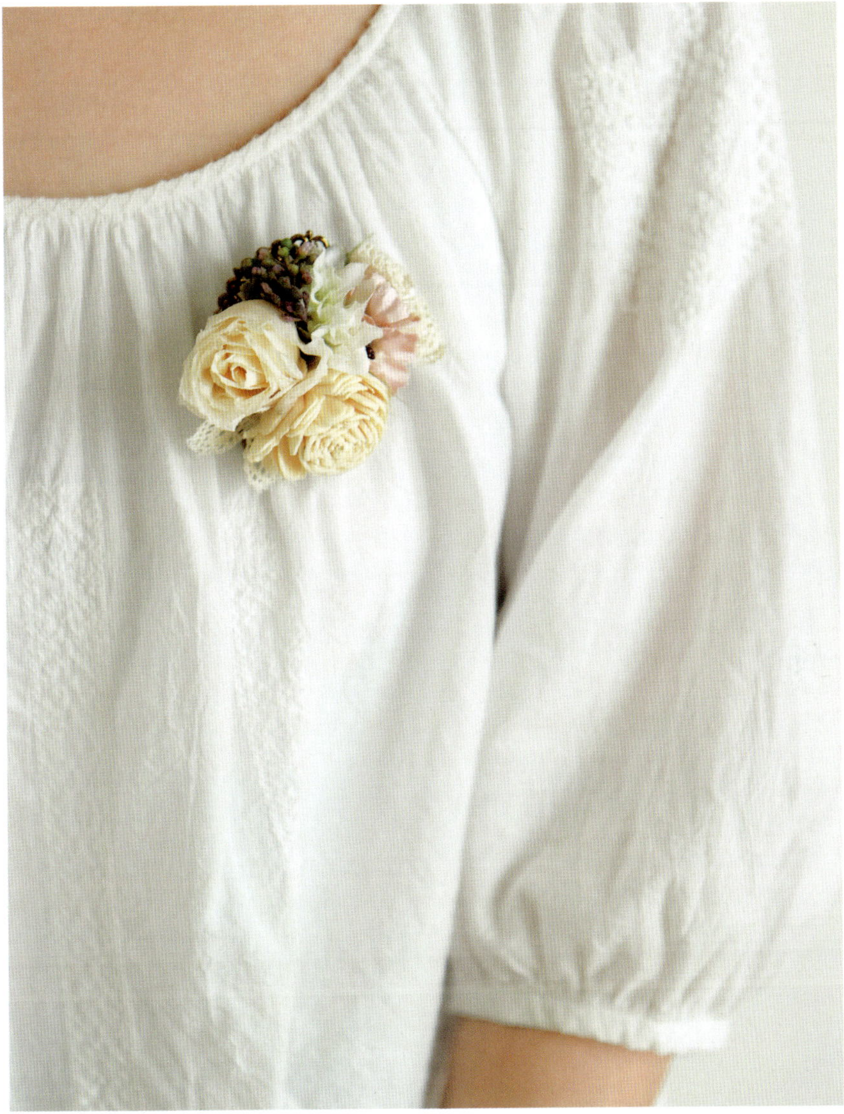

| Lace & Floralmotif | Beads & Ribbons | Antiqueparts & Figures |

mizue uchida's proposal

11…necklace
アザミのフラワーモチーフが、細めのレザーとレースのアクセント
ネックレス
How to make → page57

12.13 … necklace
**好みの花を組み合わせて
ネックレス**
How to make → page58,59

| Lace & Floralmotif | Beads & Ribbons | Antiqueparts & Figures |

mizue uchida's proposal

14.15 ...wreath & bouquet
小さなブーケはプレゼントやカードに添えて
リース&ブーケ
How to make → page60

16…wreath
既製のリース台にアレンジすれば、簡単です
リース
How to make → page61

| Lace & Floralmotif | Beads & Ribbons | Antiqueparts & Figures |

mizue uchida's proposal

17 pouch
なんとなく秘密っぽいカギのマーク
内側にはレース使いのポケットが
がま口
How to make → page62-63

18…pouch
ケータイストラップにぴったりなミニミニサイズ
がま口
How to make → page66

| Lace & Floralmotif | Beads & Ribbons | Antiqueparts & Figures |

mizue uchida's proposal

19…pouch
ペン、メガネ、ブラシetc.…使い勝手の良い長方形
がま口
How to make → page64-65

20…**bookcover**
お気に入りのスタンプをタイトルに、
かぎの栞もチャーミング
ブックカバー
How to make → page68

Lace & Floralmotif | Beads & Ribbons | Antiqueparts & Figures

mizue uchida's proposal

21.22…bookcover

お伽話をモチーフにしてレザーのアップリケ
内側は小花プリントでラブリーに

ブックカバー
How to make → page70

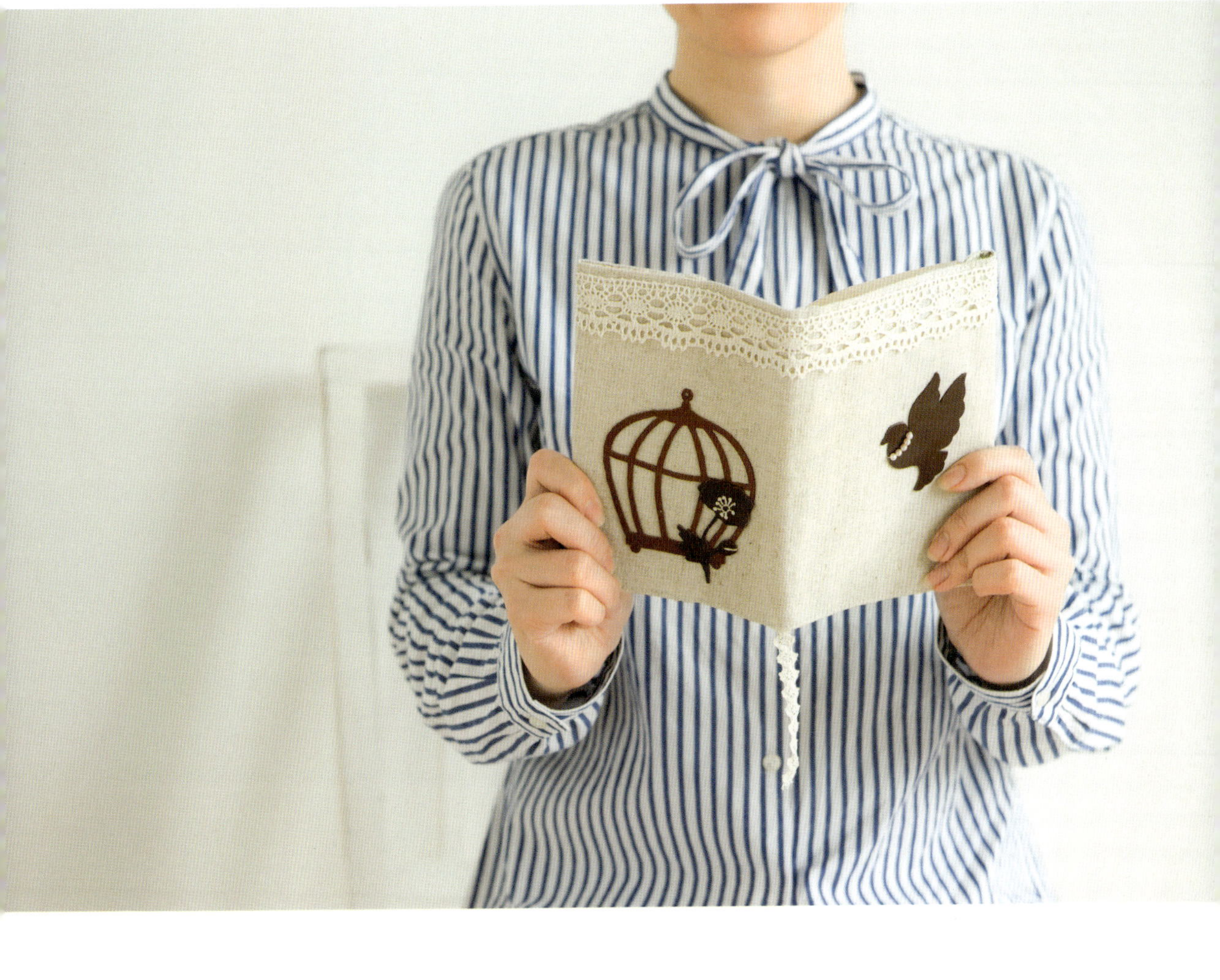

Lace & Floralmotif | Beads & Ribbons | Antiqueparts & Figures

mizue uchida's proposal

23.24…basket
なにげないカゴにお手製の蓋をつけてお洒落なこもの入れに
バスケット
How to make → page67,74-75

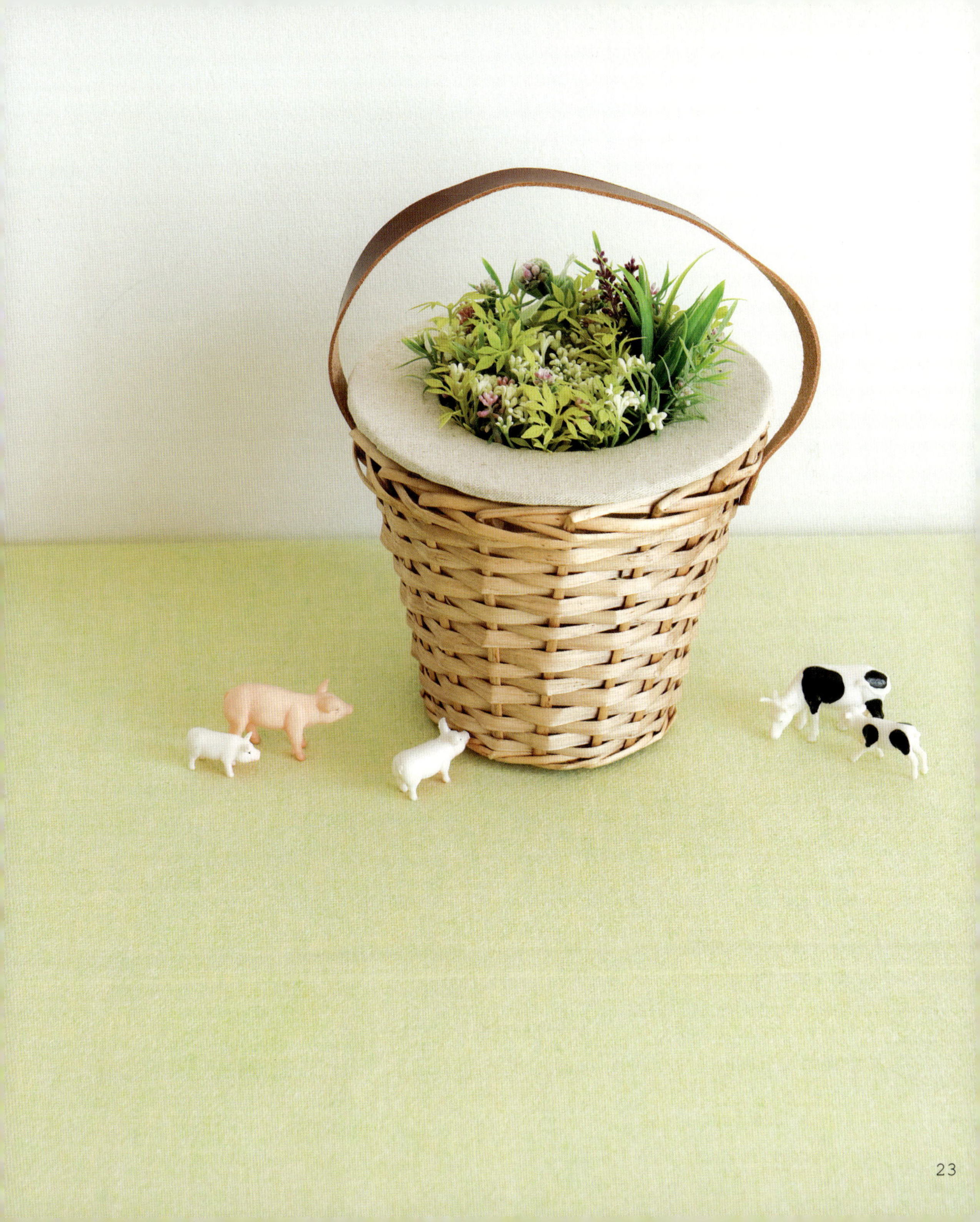

| Lace & Floralmotif | Beads & Ribbons | Antiqueparts & Figures |

mizue uchida's proposal

25…bag
白いドイリーと赤い花がチャームポイント
バッグ
How to make → page76-77

シルクフラワーの鮮やかなケシの花ブローチ

| Lace & Floralmotif | Beads & Ribbons | Antiqueparts & Figures |

mizue uchida's proposal

26…bag

既製のドイリーを大胆にアレンジ。プクッとした形がクラシカル

バッグ

How to make → page78-79

上品な淡いピンクのバラブローチ

27

Lace & Floralmotif | Beads & Ribbons | Antiqueparts & Figures

Message by mizue uchida

ものづくりにそそぐ思いは
'sentiments doux'（サンティマン ドゥ）

　手仕事をする祖母の近くにいたせいか、幼い頃から手づくりに興味を持っていました。自分でも人形の服を作ったり……。退職後、自分の時間を持てるようになってからはそんな気持ちを懐かしく思い、雑貨づくりやイラストの仕事をしています。

　雑貨づくりで心がけているのは「sentiments doux（サンティマン ドゥ）」という言葉。フランス語でやさしい気持ちという意味です。私の作品を手にされた方に、物語を感じていただけるような絵本のような雑貨、やさしい気持ちになっていただけるようなあたたかい雑貨を作っていきたいと思い、日々ミシンに向かっています。

　展示会やワークショップに参加したり、ウェブショップや雑誌の仕事など、予想以上に時間の制約を受けることもたびたび……。気分をリフレッシュさせるために、時間のある休日には、近くの公園を散歩したり、雑貨屋さん巡りや料理を楽しんでいます。特に雑貨屋さんをのぞくことは作品づくりにも欠かすことのできない気分転換プラスαです。

内田瑞恵 (mizue uchida)

東京都在住。小さい頃からものづくりに興味を覚える。雑貨メーカーに勤務し、企画デザインを手がける。退職後、雑貨づくりやイラストの仕事を始める。2003年にウェブショップオープン。2004年〜デザインフェスタに出店。2006年初の作品展を開催。2008年9月新宿・オカダヤのウィンドウに作品展示。ブランド名「sentiment doux」で作品づくりを手がけている。
近著に「手づくりのヘアアクセサリー」(池田書店)がある。

作品づくりの材料探しによく行くお店は、いつも散歩する街、吉祥寺周辺が中心です。作品にも多く使用しているシルクフラワーは、ジュリアンやNATURAL KITCHENで、布地やレースはcottonfieldなどで求め、皮革素材や専門的な素材はオカダヤ、東急ハンズ、ユザワヤなど大型店をくまなく探すことが多いですね(お店の情報は43ページに掲載)。

既製品のレースモチーフを大胆にアレンジした、お手製の皮革バッグ。「急いで作ったから…」あまりよく見ないでください、と照れる内田さん。

| Lace & Floralmotif | Beads & Ribbons | Antiqueparts & Figures |

yumiko tada's proposal

ビーズ、リボンを使って

……多田由実子

27.28…ring
コンペイ糖みたいなビーズで大粒キャンデーリング
リング
How to make → page82

Lace & Floralmotif | Beads & Ribbons | Antiqueparts & Figures
yumiko tada's proposal

29.30 …ring
シフォンとベルベットのリボンを使って
リング
How to make → page83,84

31.32…ring
蝶、てんとう虫…ラッキーモチーフがいっぱい
リング
How to make → page86-87

Lace & Floralmotif | Beads & Ribbons | Antiqueparts & Figures

Message by yumiko tada

ちょっぴり毒のあるような
デザインが好きです

　幼い頃から手芸こものに囲まれて育ったせいか、学生時代には服づくりにとても関心があり、自分の服などをよく手づくりしていました。その後も知人のショーのための衣装を作ったり、友人のためのウェディングドレスやグッズ、ヘッドドレスを縫う機会に恵まれることもあり、それ以降もウェディンググッズを幾度か作りました。そんな経験を経て、いま気になっているのは服飾小物づくり。やはりそれも、手芸雑貨店という環境の中で育ち、刺繍やビーズ、リボン、編み物などなど、さまざまな手芸の技法に触れていたせいでしょうか……そんな手芸雑貨や技法を活かしてオリジナリティのある服飾小物づくりを楽しんでいます。

　服飾小物づくりをする上で、こだわりたいのは素材です。こなれた感じのシルクの風合いや70年代の色使い・模様がとても好きなので、そんな素材感のあるものを探し求めて古着屋さんを巡り、手に入れたデッドストックのスカーフやネクタイを作品づくりに使っています。

多田由実子（yumiko tada）

1979年5月21日生まれ。東京都在住。実家が手芸小物の小売店だったこともあり、幼少の頃よりさまざまな手芸の技法にふれあう。多摩美術大学卒業後、グラフィックデザイン会社に勤務。その傍ら、知人のためにショーの衣装やウェディングドレスを制作。2006年からは「pige(ピゲ)」としてヘアアクセサリーや服飾小物を販売。美容専門誌「ビューティーセレモニー」にヘッドドレスを掲載。2009年、友人との「2人展」でコサージュ他、服飾小物を展示発表。現在は（有）ワンダフルに所属し、エディトリアルデザインの仕事に就きながら、オブジェやコラージュの作品制作も請け負う。

好きなテイストは「上品で女性らしいけれど、ちょっぴり毒のあるようなデザイン。」そんな作品を作りたくてヴィンテージ・ジュエリーの装飾バランスなども参考に、大人の小物づくりを目指しています。

　作品づくりのための素材探しは楽しみでもあり、苦労する部分でもあります。ヴィンテージものの独特な雰囲気や古いハギレの質感が好きなので、よく行くのは古着屋さんの多い高円寺周辺と吉祥寺のレトロ文具店326(サブロ)など。アクセサリー金具は貴和製作所、パーツクラブ、吉田商事など専門店の集中している浅草橋周辺で入手します。

(お店の情報は43ページに掲載)

矛田さんからのアドバイス……作業中、パーツが乾くまで固定するのに洗濯バサミがあると便利です。

Ceremony Beauty09-10
(女性モード社)

「ozplus2009年9月号」
(スターツ出版)掲載用の
オブジェ制作はワンダフルでの仕事

2人展に出品したネックレス

35

| Lace & Floralmotif | Beads & Ribbons | Antiqueparts & Figures |

hitori akagi's proposal
アンティークパーツやフィギュアを使って
……あかぎひとり

33.34…emblem
シンプルなカゴバッグのチャームポイント
エンブレム
How to make → page88,89

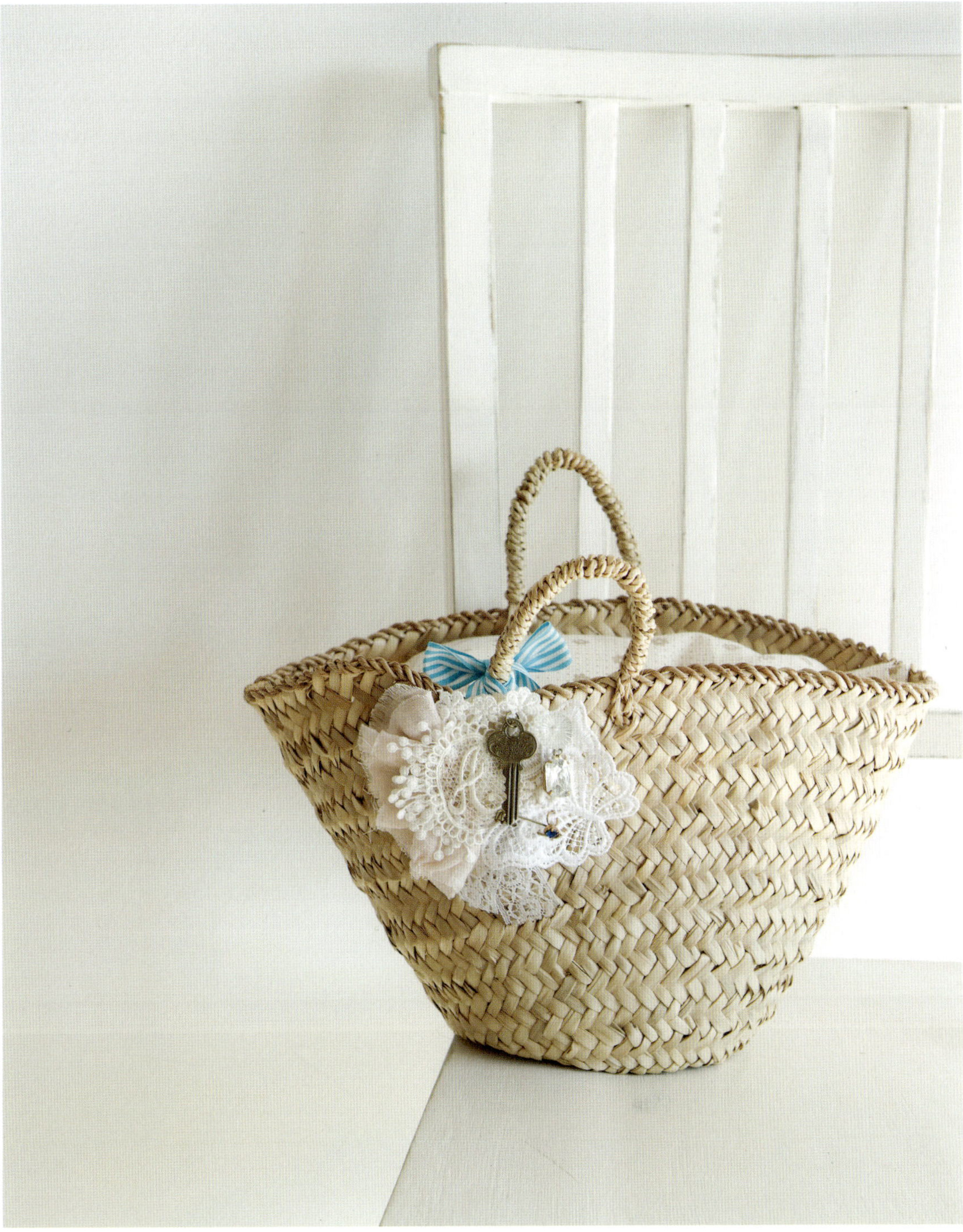

| Lace & Floralmotif | Beads & Ribbons | Antiqueparts & Figures |

hitori akagi's proposal

35 charm

ブレスレットにしても楽しい、カラフルフルーツチェーン
チャーム
How to make → page90

36 charm
キーリングをポップにデコレーション
チャーム
How to make → page91

| Lace & Floralmotif | Beads & Ribbons | Antiqueparts & Figures |

hitori akagi's proposal

37.38.39…charm
アンティークな香りが漂うパーツをアレンジして
チャーム
How to make → page92,93,94

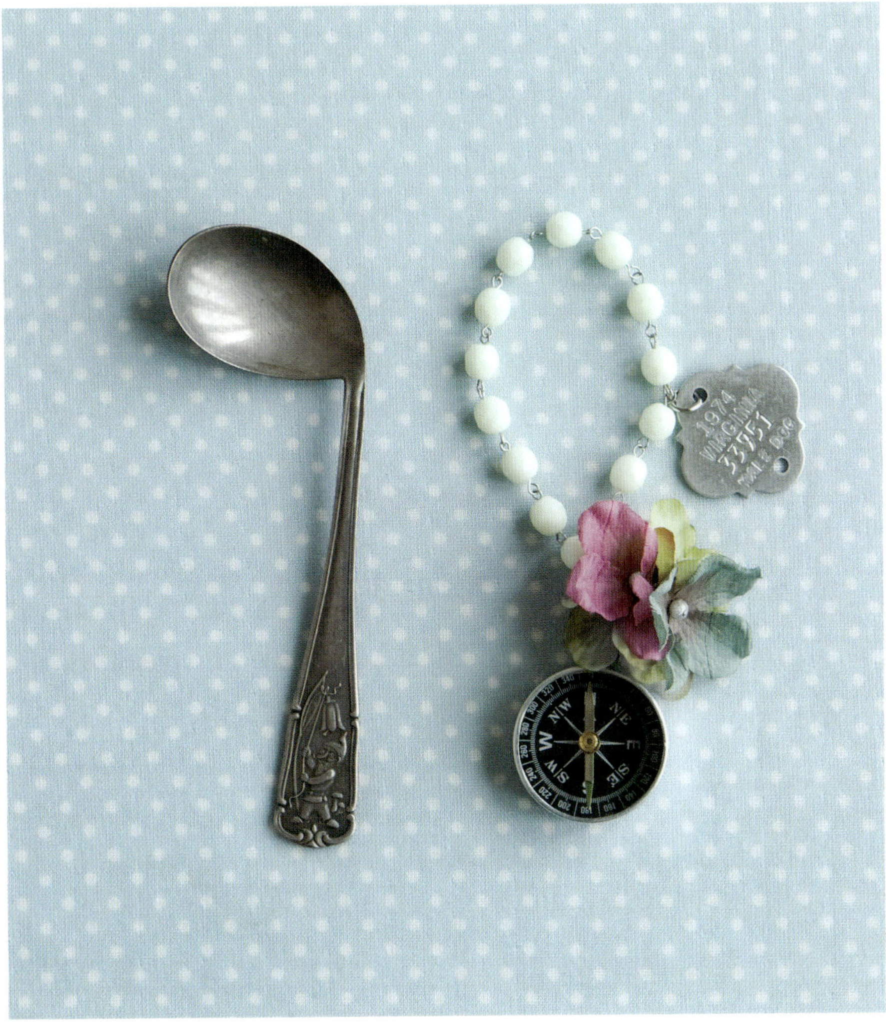
1974
33751

| Lace & Floralmotif | Beads & Ribbons | Antiqueparts & Figures |

Message by hitori akagi

作品を作るときにはいつも
独りよがりになっていないかどうか、
気になります

　子どもの頃から絵を描くことが好きで、それがずっと続いている感じで、イラストレーター＆デザイン画の講師をしています。現在、中心になっているアクセサリー制作にしても、今まで関わってきたことの好きな分野のひとつだと言えます。

　仕事として好きなことに携わっていけるのは、しあわせなことだと思います。だからこそ依頼されたもの関しては、ひとりよがりになっていないかどうかがとても気になります。自己満足だけで終わらないように、誰に見てもらい、手に取ってもらいたいか…などと想像しながら制作しています。そして、もっと上手になりたいと思いながら続けています。

　残念なことに自宅近くには、材料を買えるお店が少なく、パーツ類はほとんど大阪・梅田の貴和製作所で購入しています。イベントなどに参加した際にも、目についたボタンやパーツ類を買うことがあります。もちろんネットショップもチェックしています。作品のアニマルフィギュアはネットショップで購入しました(お店の情報は43ページに掲載)。

水彩画のやわらかいトーンが好きで、子どもをモチーフに描いたものが多いです。

モチーフレースやビーズ……材料が並んだ作業中の机。愛用のプライヤーは、ソフトなカバーで覆われ、グリップが握り易いタイプ。

あかぎひとり

服飾デザインの専門学校を卒業後、デザイナーとして企業に勤務。出産を機にアパレル業界から離れ、自分の子どものための服づくりを始める。その後、小物雑貨類も作り始め、セレクトショップなどで販売。現在はアクセサリー中心に制作し、主に関西地区でワークショップやイベントに参加。また、小物づくりをする傍ら、イラストレーターとしても活躍中。

Shop list 主な材料の購入先

♠ エル・ミューゼ 中道通り店
〒180-0004　武蔵野市吉祥寺本町 2-12-2
☎ 0422-20-6710
www.l-musee.com/

♠ オカダヤ 新宿本店
〒160-0022　新宿区新宿 3-23-17
☎ 03-3352-5411
http://www.okadaya.co.jp/

♠ 貴和製作所
浅草橋本店
〒111-0053　台東区浅草橋 2-1-10 貴和ビル
☎ 03-3863-5111

吉祥寺店
〒180-0004　武蔵野市吉祥寺本町 1-19-1 ヨドバシ吉祥寺 6F
☎ 0422-29-7031

ヨドバシ梅田店
〒530-0011　大阪市北区大深町 1-1 ヨドバシ梅田 6F
☎ 06-6372-6412
http://www.kiwaseisakujo.jp/

♠ コットンフィールド
〒180-0004　武蔵野市吉祥寺本町 2-2-7
☎ 0422-21-1406
http://www.cottonfield.co.jp/

♠ Covent Garden Bazaar
〒180-0004　武蔵野市吉祥寺本町 4-1-2
☎ 0422-27-2566
http://www.covent.jp/bazaar/

♠ ジュリアン
〒180-0004　武蔵野市吉祥寺本町 2-8-4 コスモス吉祥寺ビル
☎ 0422-20-7775
http://www.julien.co.jp

♠ 角田商店
〒111-0054　台東区鳥越 2-14-10
☎ 03-3851-8186
http://shop.towanny.com/

♠ 東急ハンズ
渋谷店
〒151-0042　渋谷区宇田川町 12-18
☎ 03-5489-5111
http://shibuya.tokyu-hands.co.jp/

新宿店
〒151-8580　渋谷区千駄ヶ谷 5-24-2
タカシマヤタイムズスクエア
☎ 03-5361-3111
http://shinjuku.tokyu-hands.co.jp/

♠ NATURAL KITCHEN
〒180-0004　武蔵野市吉祥寺本町 2-1-5 啓ビル 1F
☎ 0422-23-3103
http://www.natural-kitchen.jp

♠ パーツクラブ 駅前店
〒111-0053　台東区浅草橋 1-9-12
☎ 03-3863-3482
お客様相談 0120-46-8290
http://www.partsclub.jp/

♠ fairylace
http://www.rakuten.co.jp/k2craft/

♠ メルヘンアート株式会社
〒130-0015　墨田区横網 2-10-9
☎ 03-3623-3760
www.marchen-art.co.jp

♠ ユザワヤ
吉祥寺店
〒180-0003　武蔵野市吉祥寺南町 1-7-1
丸井吉祥寺店 7.8F
☎ 0422-79-4141

新宿店
〒151-8580　渋谷区千駄ヶ谷 5-24-2
タカシマヤタイムズスクエア 11F
☎ 03-5367-4141
http://www.yuzawaya.co.jp/

♠ 株式会社吉田商事
〒111-0053　台東区浅草橋 3-20-14
☎ 03-3866-0638
order@yoshida-shoji.co.jp

(50 音順)

| Parts & Materials | Tools & Goods | How to Make |

こんな素材、パーツを使っています

手編みのドイリーを作ったり、花びら一枚一枚から手づくりするのは大変。
完成までこぎ着けなくて……なんてことにもなりかねない。
でも最近は気のきいた既製のパーツやおしゃれな素材が市場にいっぱい。
だから始めの一歩からガンバらなくても、そんな既製品を上手に取り入れて、気軽に手づくりを楽しんでみませんか!!

作品に使われているレースの一部を紹介します。

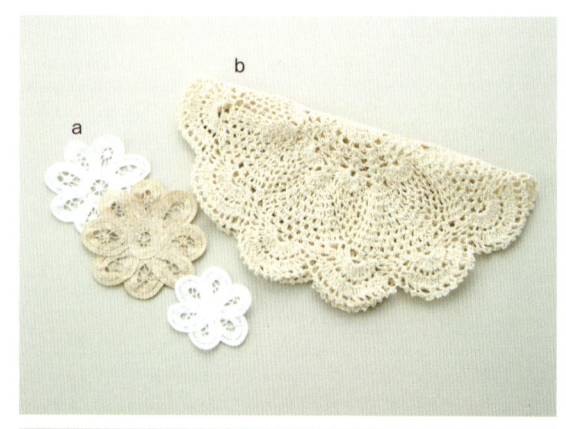

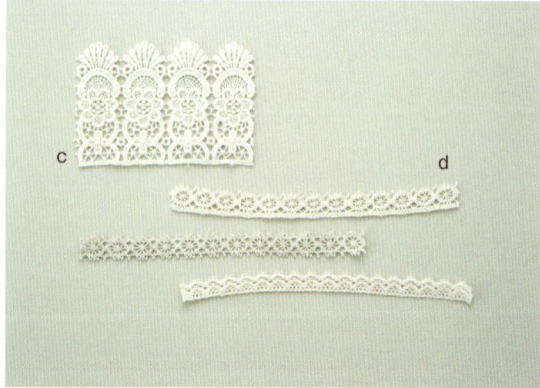

a バテンレース
テープ状のレースをドロンワークでかがり、モチーフにしたもの

b クロッシェレース
鉤針でレース模様に編んでもの。作品には既製のドイリーを使用。

c リバーレース
幅のあるテープ状にレース模様を繰り返したもの。
(コットンフィールド、オカダヤ、インターネットショップなど)

d トーションレース
テープ状のレース。片側がフラットな片山タイプと両側がレース模様の両山タイプがある。

e モチーフレース
花や蝶、イニシャル入りのダイヤ形などモチーフにカットされたレース。

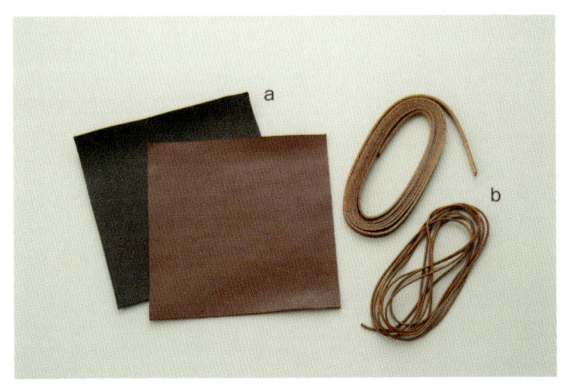

皮革
手芸用として使い勝手の良い適当なサイズにカットされたレザー（表革）a とレザーコード b。(a 東急ハンズ、b メルヘンアート)

布地
ナチュラルな持ち味が魅力の麻布、スィートな花柄、おしゃれでベーシックな水玉プリント地など、布選びはセンスの見せどころ。（コットンフィールド）

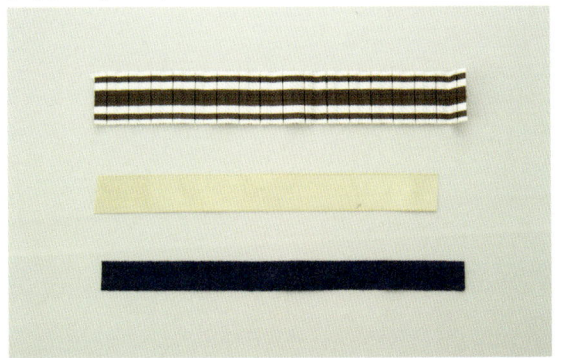

リボン
手芸作品にアクセントや結び紐としてよく使われる材料。幅や材質の違いでさまざまな印象を与える。（貴和製作所）

ビーズ
表面加工されたシュガービーズ a や作品の土台になるプラスチック b、ウッドビーズ c、宝石みたいな大粒タイプ d、キラキラ輝くメタリックなもの、アンティークなグラスビーズ e、などたくさんの種類がある。（貴和製作所）

（　）内は素材購入先

Parts & Materials | Tools & Goods | How to Make

作品に使われている造花パーツの一部を紹介します。

オアシス
フラワーアレンジメントの土台にする人工スポンジ（東急ハンズ）

リース台
フラワーリースを作る時の土台。蔓をからめたものと造花のアイビー。（ジュリアン）

シルクフラワー
化織素材の造花で様々な種類がある。束になっているので、必要な部分をカットして使う。（ジュリアン、NATURAL KITCHEN）

フィギュア
サイズ約2cm前後のアニマルフィギュア。ポップなイメージのチャーミングなパーツ。（インターネットショップ）

ビンテージ風パーツ
シャボン玉ボトルや方位磁針などアンティークな雰囲気をイメージさせるパーツ。（インターネットショップ）

作品に使われている金具の一部を紹介します。

リング金具
ビーズなど飾りパーツをとりつけるためのシャワー金具を別につけるタイプ、シャワー金具つきのもの、直接パーツをつける台つきのものがある。
丸カン
シャワー台にパーツを留めつける際に接続金具として使う。
（貴和製作所）

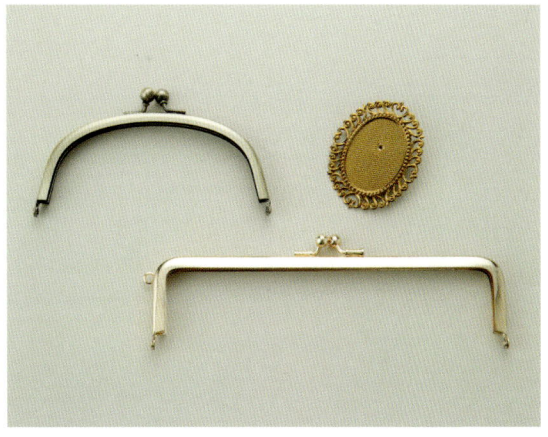

がま口金具
がま口の口金、半円タイプと角タイプ。（角田商店）
ブローチ台
縁飾りつきのアンティークな雰囲気のフラットタイプ。

キーホルダー
かぎを保管するためのリングにクラスプとチェーンがついたもの
スタッズ
錨のように脚を埋め込むタイプの飾り金具
フレーム
アンティーク風のミニ写真額。ペンダントヘッドタイプ。
台座つきペンダントヘッド
ラインストーンなどをはめて飾るための金具
回転カン
チェーンにつけて、クラスプ（引き輪）として使う。
（貴和製作所、インターネットショップ）

（　）内は素材購入先

Tools & Goods | Parts & Materials | How to Make

あると便利な道具＆用具

いつもの手づくりに必要な道具と言えば、針、糸、はさみ、ミシン……でも今回は少し勝手が違うみたい。
使い慣れない道具もあるけれど、貼ったり、つけたり、つなげたり、手軽な手づくりにチャレンジしましょう。

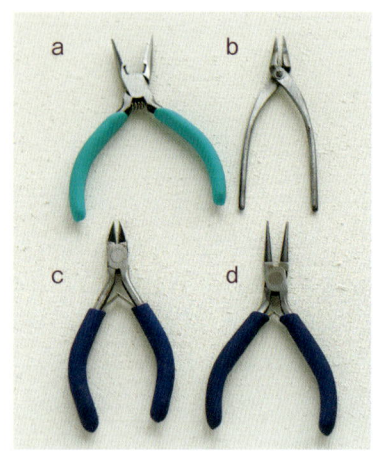

a ラジオペンチ
細かい作業に適した先の細長いペンチ。

b ヤットコ
がま口の金具を挟んでしっかり固定させる。

c ニッパー
ワイヤーやピンなどをカットする。

d 丸ヤットコ
先の丸みを利用してピンやワイヤーを丸める

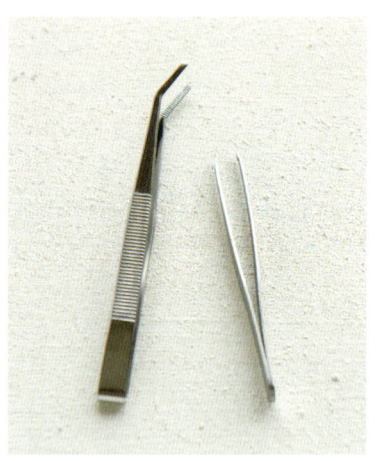

ピンセット
指で摘みにくい小さなものを摘んで作業する。
先の曲がったタイプはビーズなど摘み易い。

目打ち
仮穴をあけたり、がま口金具に布を挟み込むなどの細かい作業に。

手芸・木工用接着剤
パーツを貼りつける。乾くと透明になり目立たない。ビーズなど滑り易い素材は比較的に速く乾くセメダインタイプが使い良い。

テグス
半透明ナイロン製で、張りのある丈夫なコード。
作品にはアクセサリー用テグスを使用。

グルーガン
グルースティック（接着剤）を熱で溶かして接着したいところに塗るピストルタイプの接着器。

01.02.03. …hairpin → page4
ヘアピン

材料
01. ケミカルレース…花モチーフ
　　直径2.5cm・1.5cm 白 各1枚、
　　葉モチーフ 長径2.5cm 白 1枚
　丸小ビーズ…ゴールド、
　　アンティークゴールド 各適宜
02. ケミカルレース…楕円形 長径3cm
　　ゴールド 1枚、
　　バラモチーフ 長径3cm 白 1枚
　淡水パールビーズ…直径0.3cm 白 1個
03. ウールケミカルレース…花モチーフ
　　長径6cm 生成 1枚
　ケミカルレース…花モチーフ 直径3cm・
　　1.5cm 生成 各1枚
　丸小ビーズ…ゴールド 適宜
　皮革…3.5cm×1cm 1枚
01.02.03.共通
　丸皿ヘアピン…長さ6cm
　手縫糸、針、接着剤

作り方
1　レースをバランスよく重ねて縫いとめ、ビーズをつける。
2　ヘアピンの丸皿に接着剤を塗り、1を貼りつける。03.は補強のため、裏に皮革を貼る

02.
- パールビーズ
- ゴールドレース
- バラレース

03.
- 花モチーフ(中)
- 花モチーフ(小)
- 花モチーフ(大)

裏側
補強のために皮革を貼る

花モチーフ(中)の
ビーズのつけ方

01.
- ビーズ
- 花モチーフ
- 葉モチーフ
- 花モチーフ

2　接着剤をつけて貼る

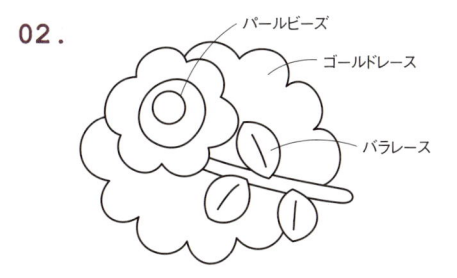

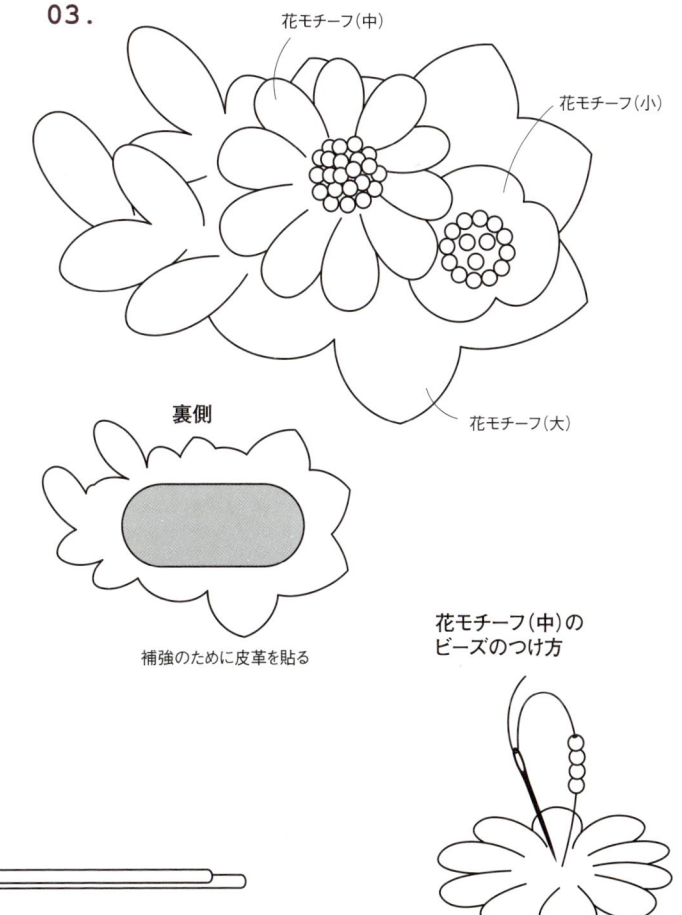

49

| Tools & Goods | Parts & Materials | How to Make |

04. gum to hair → page5
ヘアゴム

材料
綿ローン地…4cm×25cm ベージュ 2枚、
　生成 1枚
ウールレース地…4cm×25cm 生成 1枚
ナイロンレース地…4cm×25cm 生成 1枚
ペップ…ゴールド 13本
フェルト…直径4cm 1枚
ヘアゴム…20cm
手縫糸、針、目打ち

作り方
① 各布地を図のようにぐし縫いし、糸を引いてギャザーを寄せる。
② ①をくるくる巻いて根元の縦、横を縫いとめる。
③ ペップの根元を糸でしばり、まとめる。
④ ③の周りに②の布地を寄せて根元を縦、横にしっかりと縫い、まとめる。
⑤ 輪にしたゴムを④の底の中心に縫いとめる。
⑥ フェルトの中心に目打ちで穴をあけて⑤を通し、周囲をかがり縫いしてとめる。

① 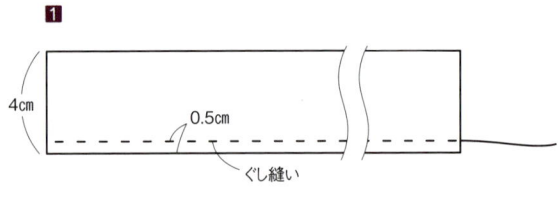
4cm
0.5cm
ぐし縫い

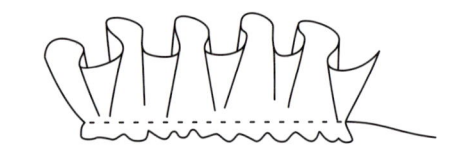

②　×5

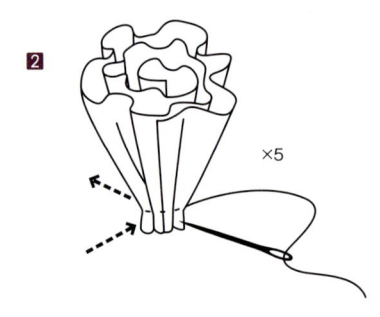

③

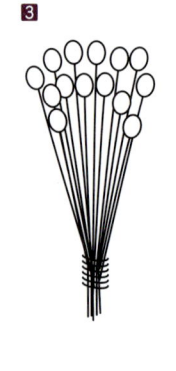

④

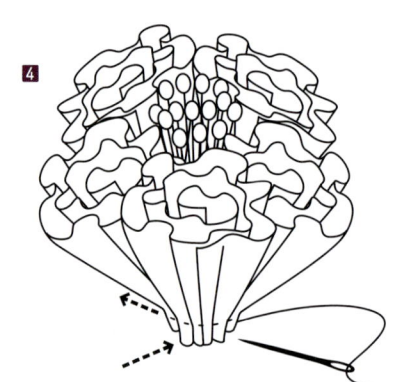

⑤　縫いつける　裏側

⑥　フェルト　まつりつける

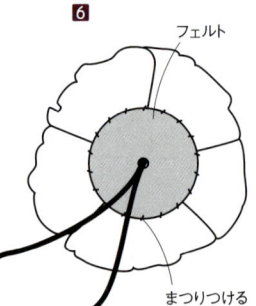

05. ...barrette →page6.7
バレッタ

材料

モチーフレース…円型 直径7cm 白 2枚、 花型2種 長径4〜5cm 生成 各1枚、
　蝶型 長径5cm 生成 1枚
バテンレース…直径8.5cm 白 1枚
トーションレース…幅1cm 生成 8cm
綿ドイリー…直径10cm 生成 1枚
パールビーズ…直径0.3cm 白 6個
丸小ビーズ…ゴールド 適宜
皮革…直径8cm 1枚
バレッタ金具…長径8cm
手縫糸、針、接着剤

作り方

1. 綿ドイリーの裏に円型レース、上に他のレースをバランスよく縫いつける。
2. 1にビーズを縫いつける。
3. 皮革の裏側に接着剤を塗り、2の裏に貼り、補強する。
4. バレッタ金具に3を貼る。

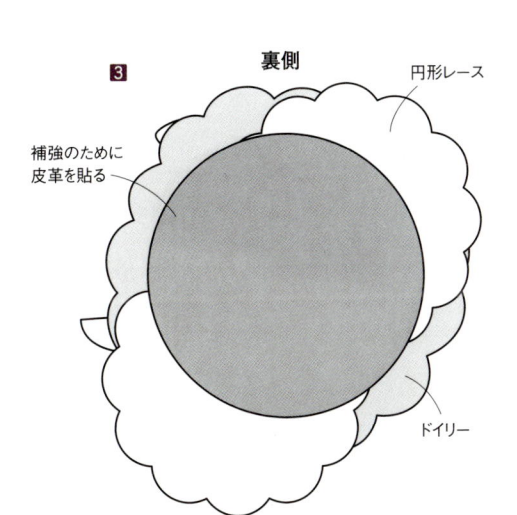

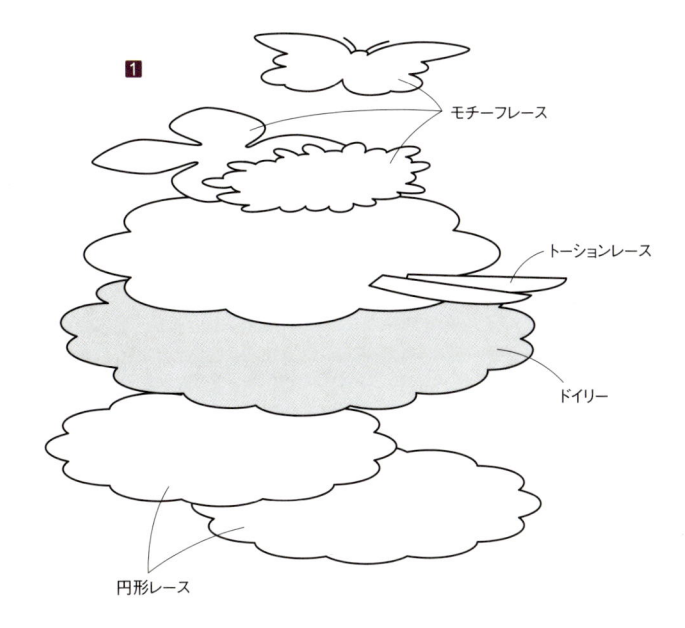

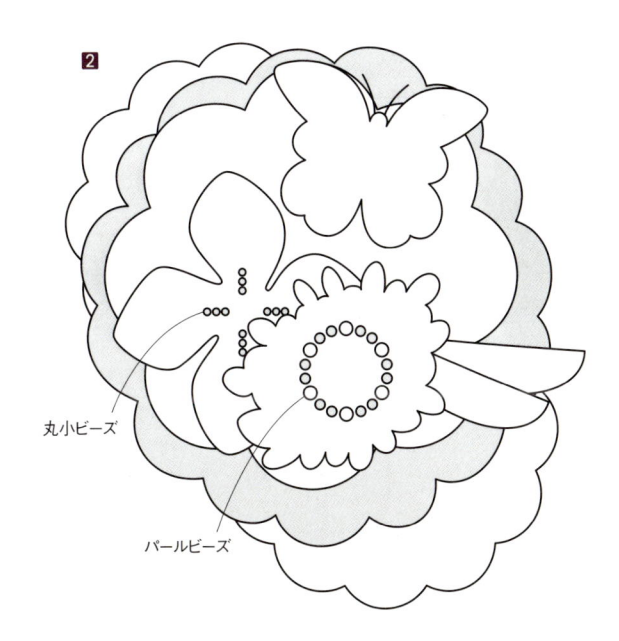

1
モチーフレース
トーションレース
ドイリー
円形レース

3 裏側
円形レース
補強のために皮革を貼る
ドイリー

2
丸小ビーズ
パールビーズ

| Tools & Goods | Parts & Materials | How to Make |

06. band for hair → page8
ヘアバンド

材料
皮革平コード…メルヘンアート幅1.5cm
　ブラウン 39cm　幅0.2cm ブラウン 12cm
トーションレース…幅0.5cm 生成 90cm
ボタン…直径1.3cm 2つ穴 1個
シルクフラワー…クローバー、
白い花 各適宜
フェルト…3cm×6cm　1枚
手縫糸、針、カッター、グルーガン

作り方
① 皮革コードにカッターで切り込みを入れ、図のように3つ編みにする。
② ①の両端の角を丸くカットする。
③ フェルトを直径3cm 2枚にカットして貼り合わせ、その上にシルクフラワーをグルーガンで接着する。
④ ③を②に縫いつける。
⑤ トーションレースを長さ半分に切り、④の両端に通して結ぶ。

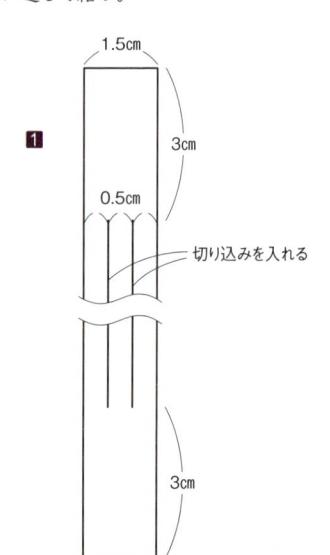

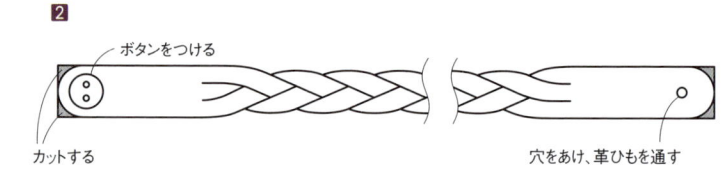

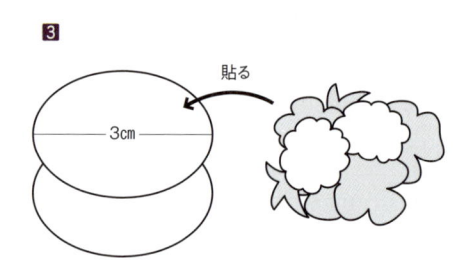

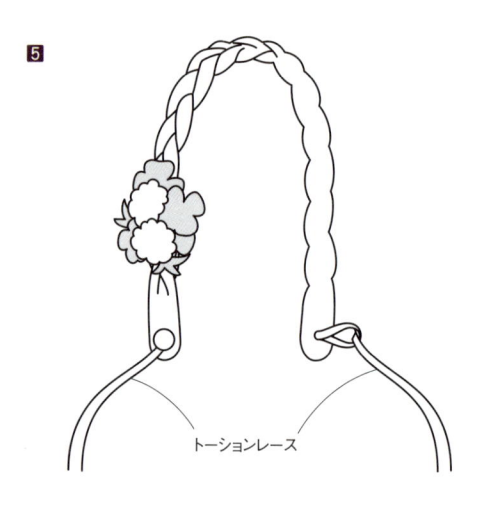

② ボタンをつける／カットする／穴をあけ、革ひもを通す／裏で結ぶ

③ 3cm／貼る

① 1.5cm／3cm／0.5cm／切り込みを入れる／3cm

⑤ トーションレース

革三つ編みの編み方

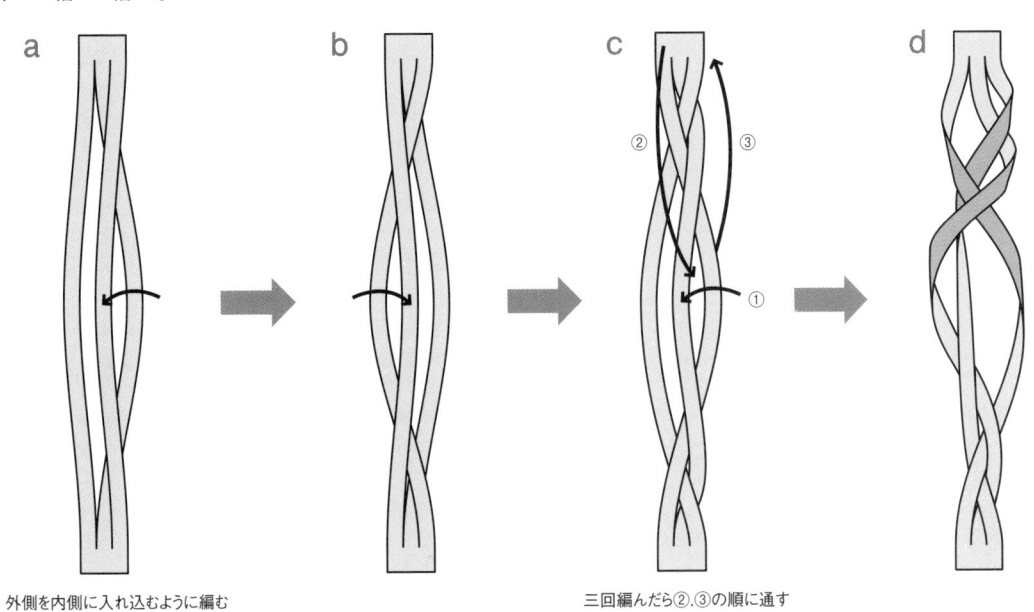

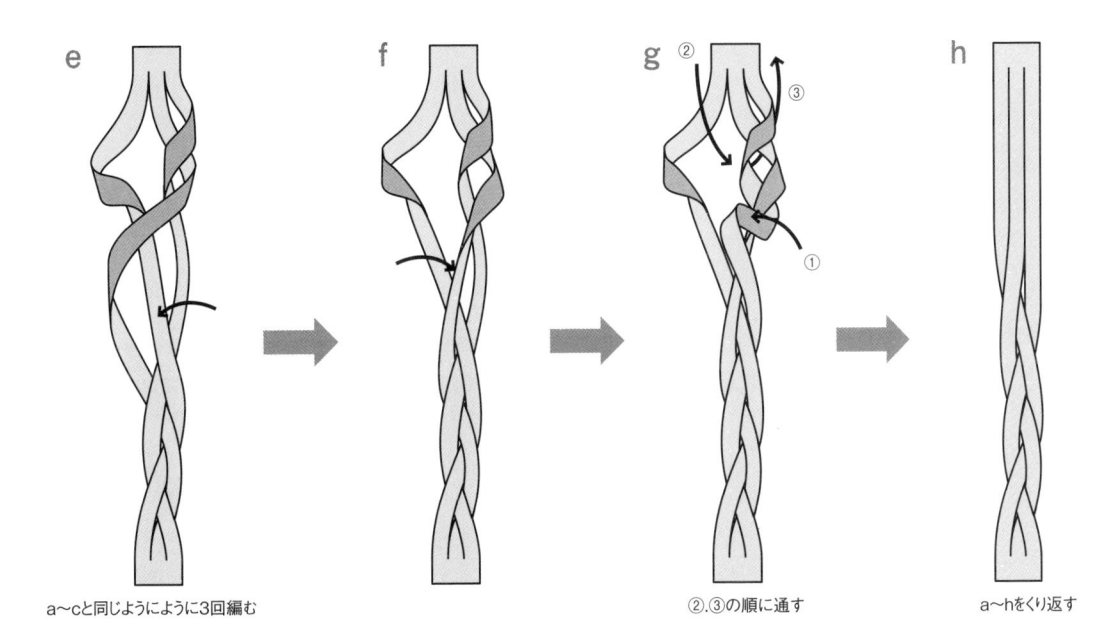

a　　　　　　b　　　　　　c　　　　　　d

外側を内側に入れ込むように編む　　　　　　三回編んだら②.③の順に通す

e　　　　　　f　　　　　　g　　　　　　h

a〜cと同じようにように3回編む　　　　　　②.③の順に通す　　　　　　a〜hをくり返す

53

Tools & Goods | Parts & Materials | How to Make

07. ...band for hair → page9
ヘアバンド

材料
麻ジュート地…ベージュ 40cm×9cm
綿プリント地…ブラウン系 40cm×9cm
バテンレース…直径9cm・7cm 白 各1枚
梵天レース…直径0.4cm白 40cm
グログランリボン…幅1.5cm 黒 20cm
平ゴム…幅1.5cm 黒 20cm
手縫糸、針

作り方
1 麻ジュート地と綿プリント地を縫い代1cmをつけて型紙通りに裁つ。
2 直径9cmのバテンレースの周りに梵天レースをかがりつける。
3 麻ジュート地にバテンレースを縫いつける。
4 麻ジュート地と綿プリント地を仕上がり線通りにアイロンで折り、外表に合わせてミシンで縫う。
5 4の両端に平ゴムを1cm位入れてしつけ縫いする。
6 グログランリボンを長さ半分に切り、5の周りに巻いてミシンで縫う。

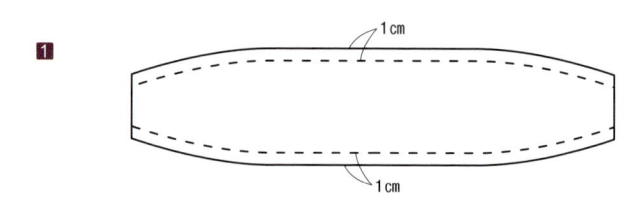

1 1cm / 1cm

2 梵天レースはつれないように注意して縫いつける。

3 バテンレースは少し重ねて待ち針でとめ、縫いつける。

4 2枚をずれないように待ち針でとめて縫う。

5 平ゴムはねじれないように気をつける。

6 リボンは巻き終わりを1cm位折り返し、巻き始めと少し重ねて縫う。

パターン

・125%に拡大して使用。( )内の縫い代、cmをつけて裁つ。

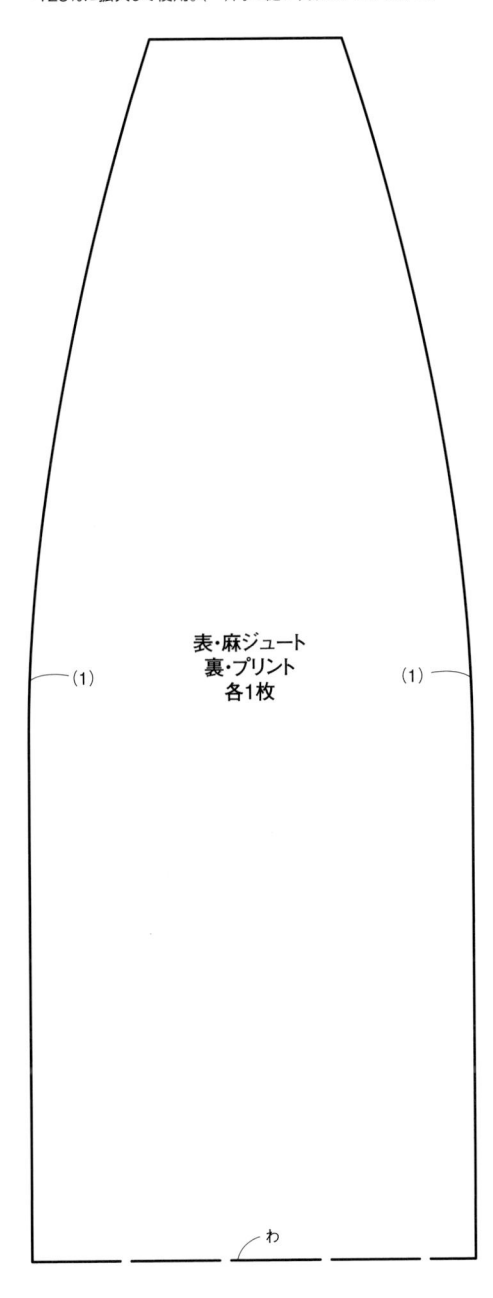

(1)

表・麻ジュート
裏・プリント
各1枚

(1)

わ

Tools & Goods | Parts & Materials | How to Make

08.09.10. ···brooch → page10.11
ブローチ

材料
08. シルクフラワー…ラナンキュラス
　　白 1個、小花 白・生成 各2個、つぼみ
　　白 適宜　トーションレース…幅1cm
　　生成 10cm
09. シルクフラワー…バラ ピンク 1個、
　　小花 ピンク 3個、小花 白 1個、
　　実もの 白 適宜
　　ペーパーフラワー…バラ ピンク 2個
　　トーションレース…幅3cm 白 12cm
10. ソーラーローズ…ピンク 1個
　　シルクフラワー…バラ 白1個、
　　小花 ピンク・白 各2個、つぼみ 紫
　　適宜
　　トーションレース…幅1.5cm 白 18cm
08.09.10. 共通
　　ブローチ台…6cm×5cm ゴールド
　　手縫糸、針、グルーガン

作り方
1️⃣　シルクフラワーの花の部分を切り取る。
2️⃣　ブローチ台に1️⃣をのせてみて配置を決め、グルーガンで接着する。
3️⃣　トーションレースを長さ半分に切り、2つ折りして縫いとめたものをグルーガンで接着する。

2️⃣ ブローチ台
②サブの花の位置を決める
①メインの花の位置を決めて

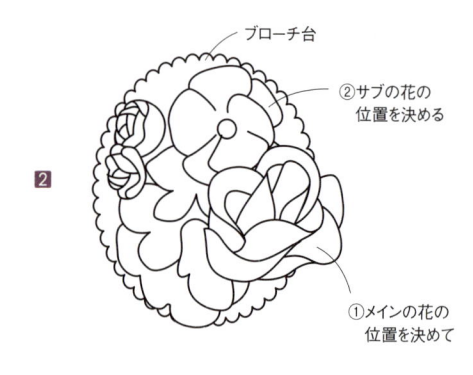

3️⃣ トーションレース

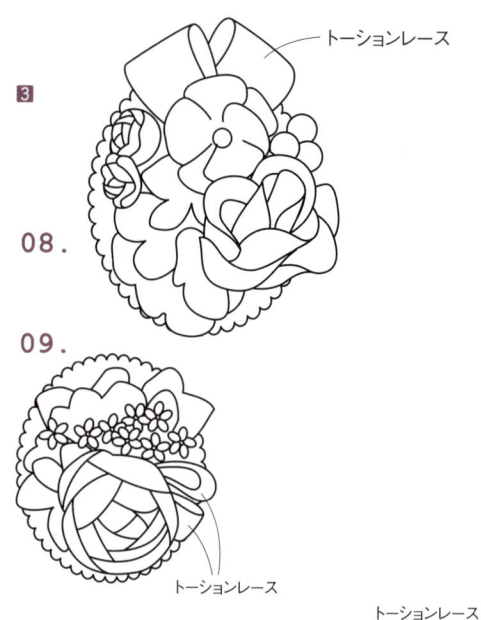

08.
09. トーションレース
10. トーションレース

1️⃣ 花の部分をカットする

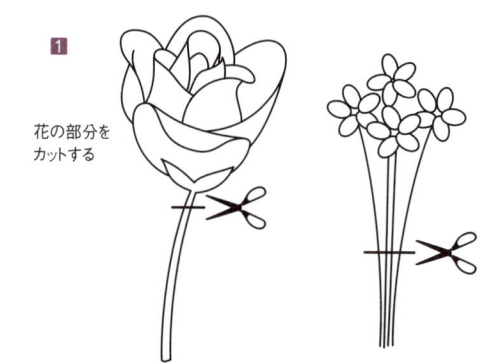

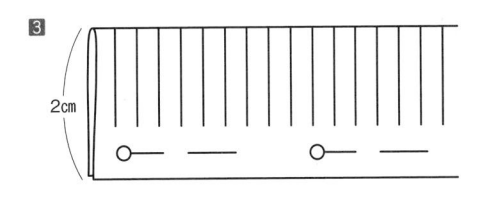

11. necklace → page12
ネックレス

材料
ケミカルレース…花型 幅1.2cm 生成 30cm
リネン地…紫 4cm×12cm
皮革丸コード…メルヘンアート直径0.2cm
キャラメル 45cm
手縫糸、針、接着剤、待ち針、洗濯バサミ

作り方
1　ケミカルレースの花を2つ分切り取る。
2　ケミカルレースの両端に接着剤を塗り、1との間に皮革コードを挟んで貼り合わせる。しっかり接着するまで洗濯バサミで挟んでおく。
3　リネンを幅半分に折り、図のように切り込みを入れる。
4　3を端からしっかりときつめに巻いて根元を十字に縫いとめる。
5　4をレースの好きな位置に縫いつける。

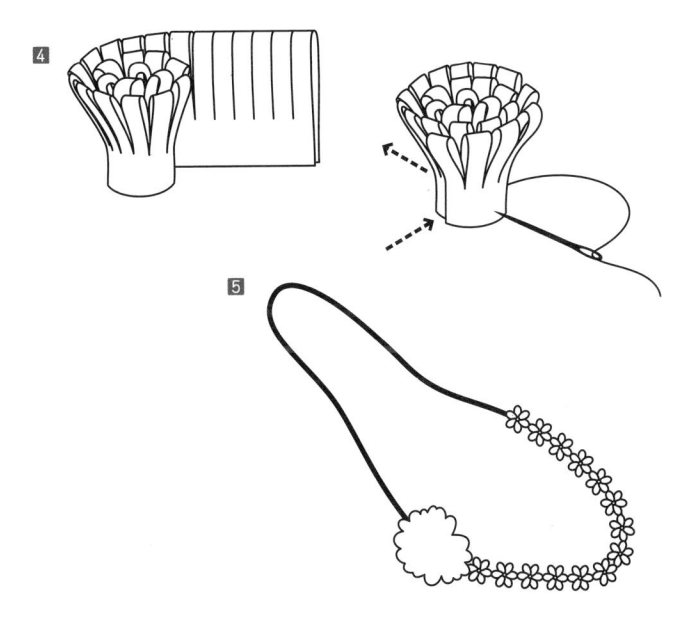

Tools & Goods | Parts & Materials | How to Make

12. necklace → page13
ネックレス

材料
シルクフラワー…一重のバラ 直径7cm
　　　　　　　ベージュ 1個、小花 直径3cm 紫 4個
ソーラーローズ…直径4cm 生成 1個
チェーン…直径0.3cm シルバー 60cm
丸カン…直径1cm アンティークゴールド 1個

作り方
1　シルクフラワーをバランスよくまとめ、茎をねじって花の裏で丸める。茎が長すぎる場合は切っておく。
2　茎に丸カンを通す。
3　2の丸カンにチェーンを通す。

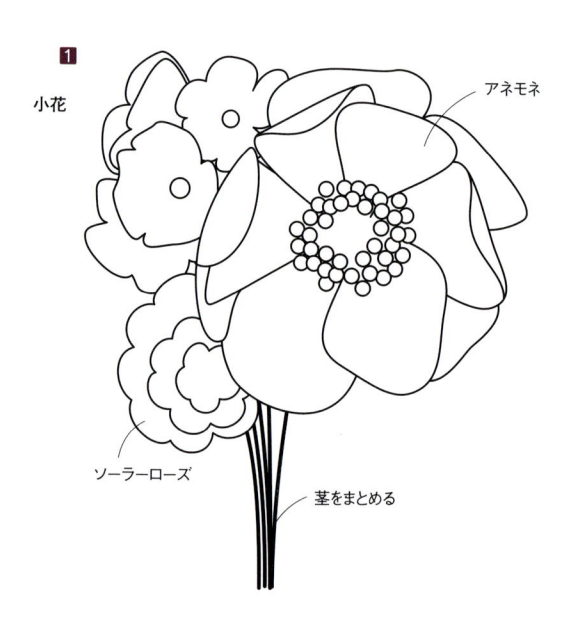

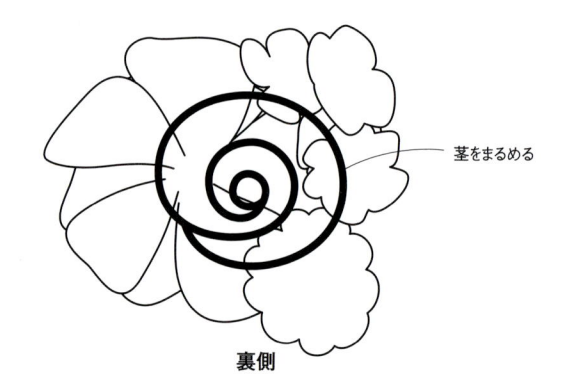

1
小花
アネモネ
ソーラーローズ
茎をまとめる

茎をまるめる
裏側

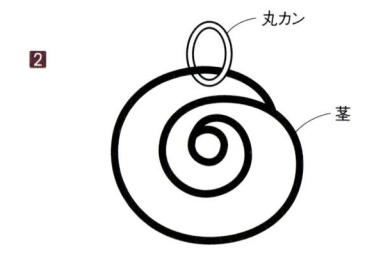

2
丸カン
茎

58

13. necklace → page13
ネックレス

材料
モチーフレース…6cm×5cm 白 1枚
シルクフラワー…アジサイ 適宜
皮革…3cm×3.5cm
チェーン…アンティークゴールド 50cm
丸カン…直径0.7cm アンティークゴールド 1個
グルーガン、接着剤、紅茶

作り方
1. レースを紅茶で染める。
2. アジサイの花の部分だけを切り取り、1の中央にグルーガンで接着する。
3. 2の裏側に皮革を貼り、補強する。
4. 3の上部に丸カンを通す。
5. 丸カンにチェーンを通す。

①紅茶(ティーパックでOK)を煮出して、モチーフレースを入れて煮る。
②取り出したら、酢水につけて色どめをし、水で洗う。淡い茶に染まる。

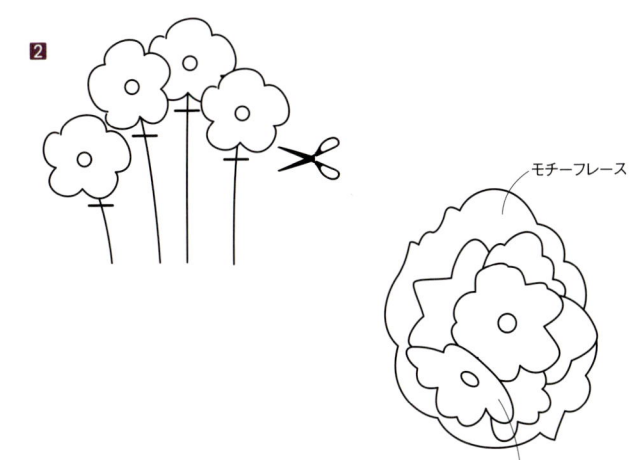

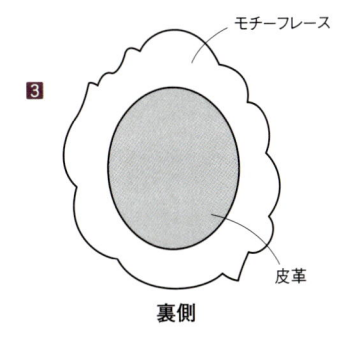

Tools & Goods | Parts & Materials | How to Make

14.15. …wreath & bouquet →page14
リース＆ブーケ

14.　材料
シルクフラワー…小花 直径2㎝ 白 適宜(つないで25㎝になる位)、ベリー 直径0.7㎝ 紫 6個
サテンリボン…幅0.3㎝ 紫 30㎝

作り方
1　小花のシルクフラワーは茎をねじり絡ませながら、つないでいく。
2　1の茎を絡めて輪にする。長すぎる茎は切る。
3　2の輪のつなぎ目にベリーの茎を巻く。
3　ベリーのつけ根にリボンを結ぶ。

14.
1
裏側　　小花

15.　材料
シルクフラワー…バラつぼみ 白 3個、小花 ピンク 1個、ヒペリカム ピンク 4個
フローラルテープ…グリーン 適宜
トーションレース…幅1㎝ 生成 8㎝
サテンリボン…幅0.3㎝ 紫 20㎝
接着剤

作り方
1　シルクフラワーをバランスよくまとめ、茎にフローラルテープを巻く。
2　1にトーションレースを巻き、接着剤でとめる。
3　2にリボンを結ぶ。

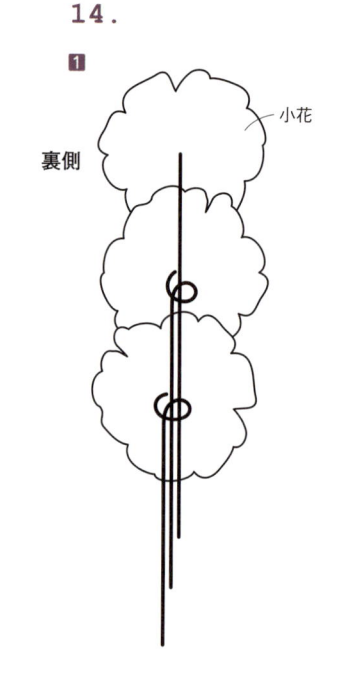

15.
1　　　　　2

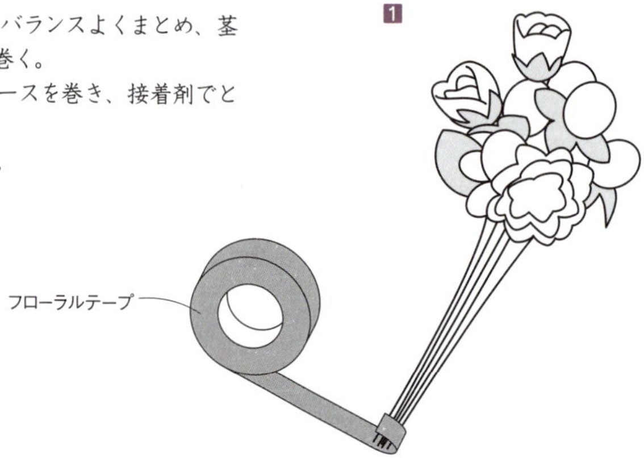

フローラルテープ　　　　トーションレース

16. wreath → page15
リース

材料
シルクフラワー…アイビー 適宜、
　ベリー 紫 2個
ソーラーローズ…直径6㎝ 生成 2個
皮革…ブラウン 10㎝角
トーションレース…幅1㎝ 生成 40㎝
リース台…直径20㎝ ブラウン 1個
麻ひも、グルーガン、ニッパー

作り方
1　リース台にソーラーローズのつけ位置を決め、茎を切ってグルーガンで接着する。
2　アイビーを適当な長さに切り、リース台に絡ませながら所々グルーガンで接着する。
3　あいた所にベリーをグルーガンで接着する。
4　トーションレースを3の上部でリボン結びにする。
5　鳥型にカットした皮革をグルーガンで接着する。
6　リース台の上部に麻ひもを通して結び、さげひもにする。

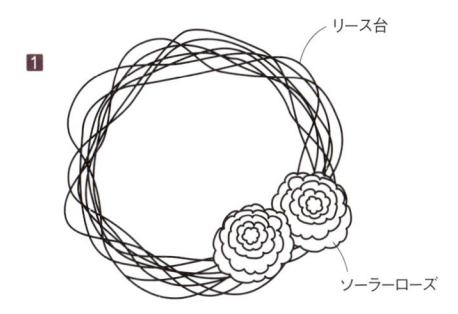

1　リース台／ソーラーローズ

2　アイビーは適当な長さに切り、3、4回に分けて絡ませる。

4　レースはリボンに結んで貼りつける。

5　皮革の裏に鳥のパターンを両面テープで固定してカットする。

Tools & Goods | Parts & Materials | How to Make

17. …pouch → page16
ガマ口

材料
カラーデニム地…ブラウン 50cm×15cm
綿プリント地…ベージュ 35cm×15cm
接着芯…中肉 35cm×15cm
バテンレース…直径10cm 生成 1枚
トーションレース…幅1.3cm 生成 10cm
皮革…ダークブラウン 9cm×5cm
モチーフビーズ…直径1cm バラ型 3個、
　長径1cm葉型 2個
口金…くし型 長径13cm×5.5cm
　アンティークゴールド
紙ひも…適宜
手縫糸、針、接着剤、目打ち、ようじ

作り方
1 デニム地に接着芯を貼り、デニム、プリント地とも型紙通りに裁つ。
2 1のデニム地1枚にバテンレースを縫いつける。
3 皮革をかぎ型にカットして2のバテンレースに貼り、ビーズを縫いとめる。
4 デニム地でポケットを裁ち、入れ口を3つ折りにしてトーションレースを縫いつける。
5 綿プリント地1枚に4のポケットを縫いつける。
6 デニム、プリント地ともにそれぞれ中表に合わせて縫う。
7 6の縫い代に切り込みを入れ、アイロンで割る。デニム地のみ表に返す。
8 デニム地にプリント地を入れて重ね、入れ口側を縫い合わせる。
9 口金の溝にようじなどで接着剤を塗り、目打ちで8を入れ込む。
10 紙ひもに接着剤を塗り、口金に目打ちで入れ込む。
11 はみ出した接着剤を拭き取り、口金の両端をペンチでつぶす。

1 デニム地は荒立ちしておき、接着芯を貼る。

2 デニム地の中央にレースを待ち針でとめて縫う。

3 皮革のカットの仕方は61ページ参照。

5 ポケット縫い代の折り方は、77ページの7参照。

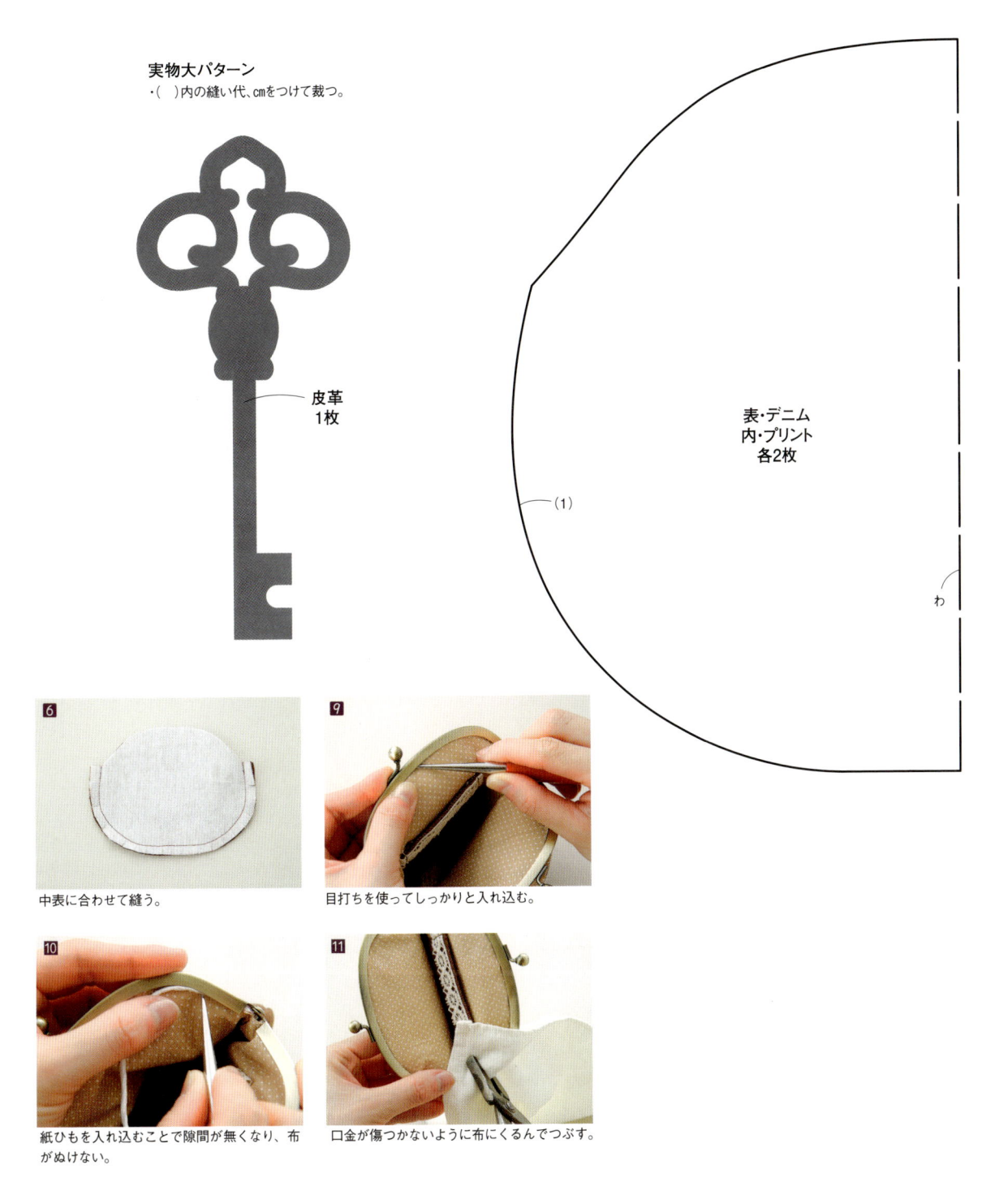

実物大パターン

・( )内の縫い代、cmをつけて裁つ。

皮革
1枚

表・デニム
内・プリント
各2枚

(1)

わ

6 中表に合わせて縫う。

9 目打ちを使ってしっかりと入れ込む。

10 紙ひもを入れ込むことで隙間が無くなり、布がぬけない。

11 口金が傷つかないように布にくるんでつぶす。

19. pouch → page18
ガマ口

材料
綿プリント地…ベージュにブラウンの水玉
　50cm×10cm
帆布…生成 50cm×10cm
接着芯…中肉 50cm×10cm
トーションレース…幅1.3cm 生成 40cm
皮革…ダークブラウン 15cm×3.5cm
口金…角型 長径19cm×4.5cm アンティーク
　ゴールド
紙ひも…適宜
接着剤、ようじ、目打ち

作り方
1 プリント地に接着芯を貼り、プリント地、帆布とも型紙通りに裁つ。
2 1のプリント地の入れ口側にトーションレースを縫いつける。
3 皮革を型紙通りにカットしてプリント地1枚に貼りつける。
4 プリント地、帆布ともそれぞれ中表に合わせて縫う。
5 4の縫い代をアイロンで割る。プリント地のみ表に返す。
6 プリント地に帆布を入れて重ね、入れ口側を縫い合わせる。
7 口金の溝にようじなどで接着剤を塗り、6を目打ちで入れ込む。
8 紙ひもに接着剤を塗り、口金に目打ちで入れ込む。
9 はみ出した接着剤を拭き取り、口金の両端をペンチでつぶす。(63ページ参照)

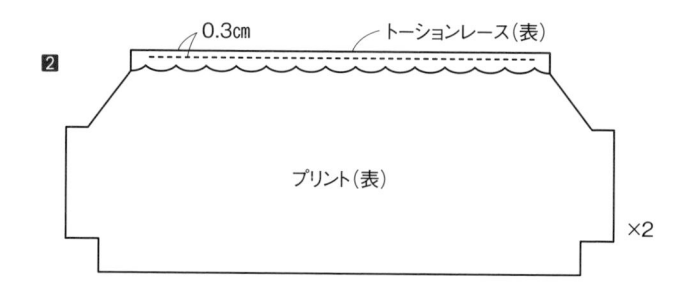

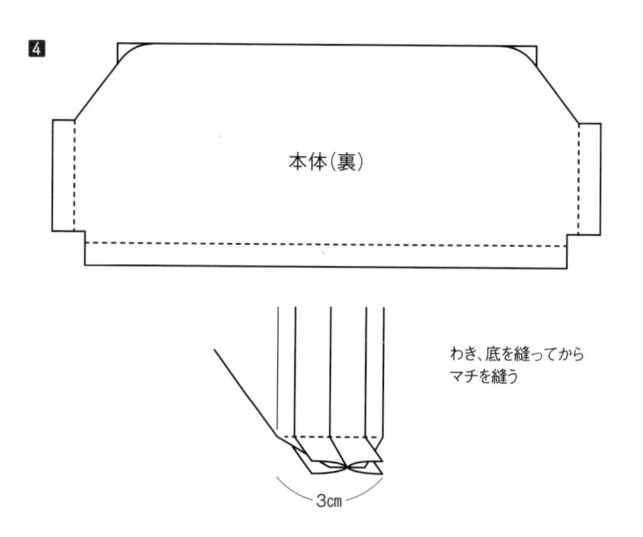

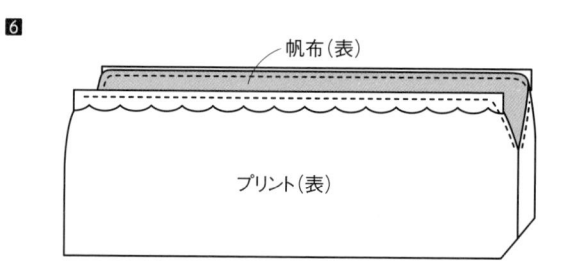

19.の実物大パターン
・( )内の縫い代、cmをつけて裁つ。

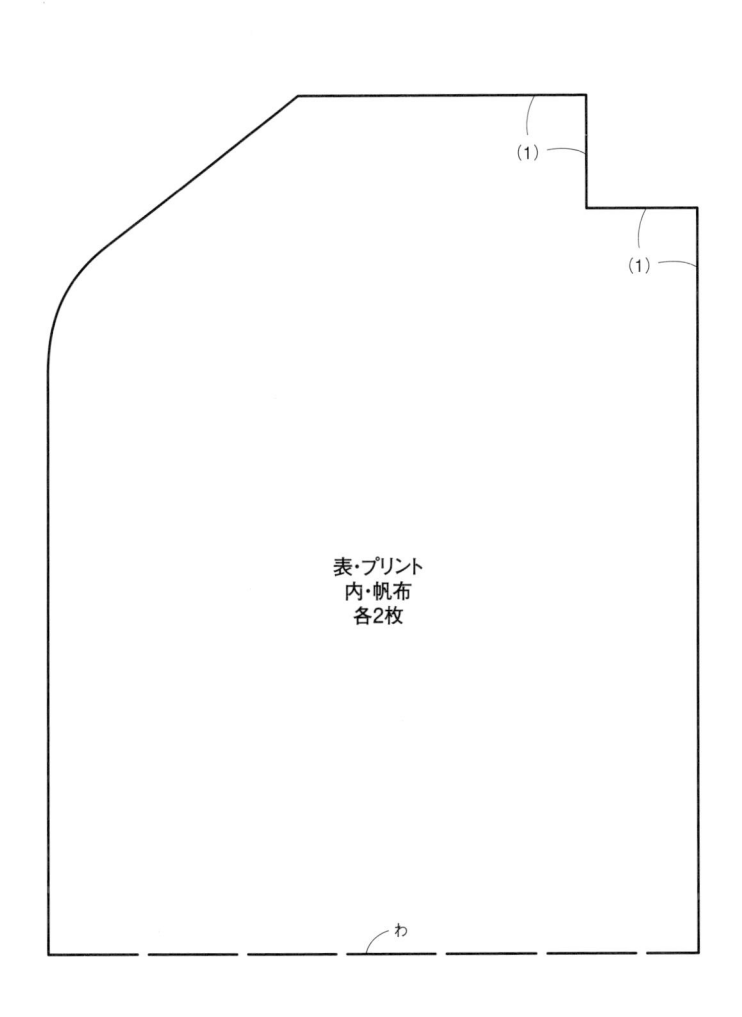

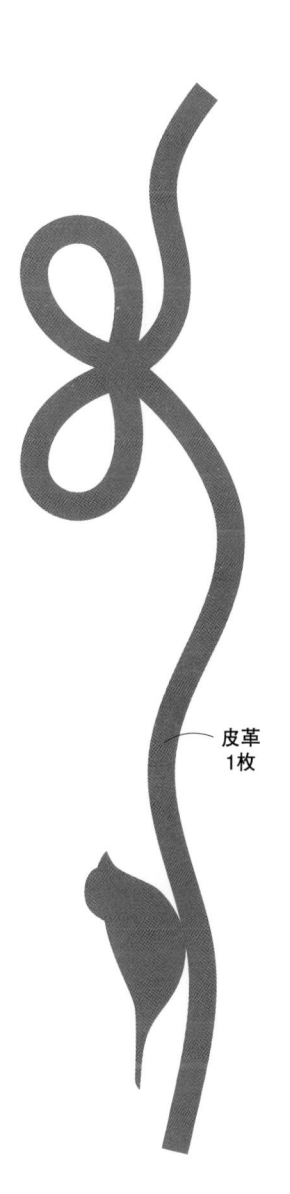

表・プリント
内・帆布
各2枚

わ

皮革
1枚

| Tools & Goods | Parts & Materials | How to Make |

18. …pouch→page17
ガマロ

材料
帆布…ベージュ 12㎝×5㎝
綿プリント地…ベージュ系 12㎝×5㎝
25番刺繍糸…ピンク・生成・黄緑 各適宜
口金…半円型 長径3.5㎝×2㎝ ゴールド
ボールチェーン…直径0.1㎝
　　　ゴールド 16㎝
紙ひも…適宜
目打ち、刺繍針、ようじ

作り方
1 帆布、プリント地とも型紙通りに裁つ。
2 帆布1枚に刺繍をする。
3 帆布、プリント地ともそれぞれ中表に合わせて縫う。
4 3の縫い代に切り込みを入れ、アイロンで割る。帆布のみ表に返す。
5 帆布にプリント地を入れて重ね、入れ口側を縫う。
6 口金の溝に接着剤をようじなどで塗り、5を目打ちで入れ込む。
7 紙ひもに接着剤を塗り、口金に目打ちで入れ込む。
8 口金からはみ出した接着剤を拭き取り、口金の両端をペンチでつぶす。(63ページ参照)
9 ボールチェーンを口金につける。

実物大パターン
・( )内の縫い代、㎝をつけて裁つ。

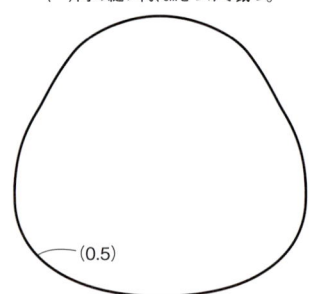

(0.5)

2
バリオンローズ
フレンチノット
レジー・デージー

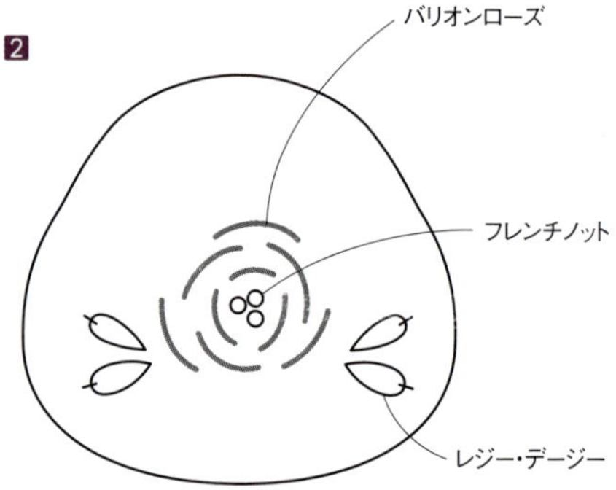

・糸はすべて3本どり
　刺し方は95ページ参照

3
(裏) 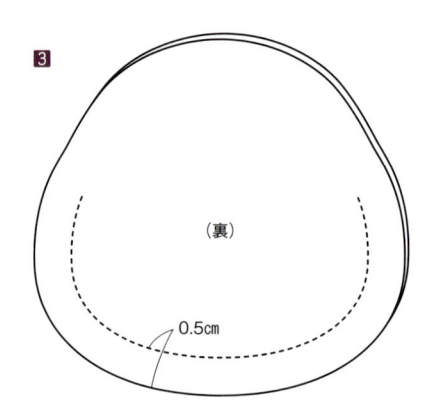
0.5㎝

5
0.3㎝

縫ってから、
入れ口側の
縫い代を0.3㎝に
カットする

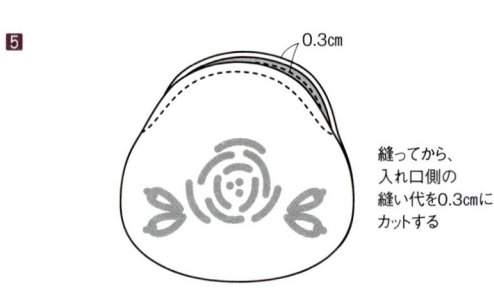

23. …basket → page22
バスケット

材料
リネン地…生成 20cm×15cm
シルクフラワー…ベージュ系 直径7cm 1個
バテンレース…直径10.5cm ベージュ 1枚
かご…12cm×17cm×8cm
ダンボール…19cm×14cm
色画用紙…19cm×14cm
麻ひも…適宜
接着剤、目打ち、フラワー用ワイヤー

作り方
1. ダンボール、色画用紙ともかごの入れ口より少し大きめカットする。
2. 1のダンボールにリネン地を貼る。周囲は裏側に折り返す。
3. 2にバテンレースを貼りつける。
4. 3のバテンレースの上にシルクフラワーをワイヤーでとめつける。
5. 4の裏側に色画用紙を貼る。
6. 5に目打ちで2箇所、穴をあける。
7. 6に麻ひもを通し、かごに結んでとめる。

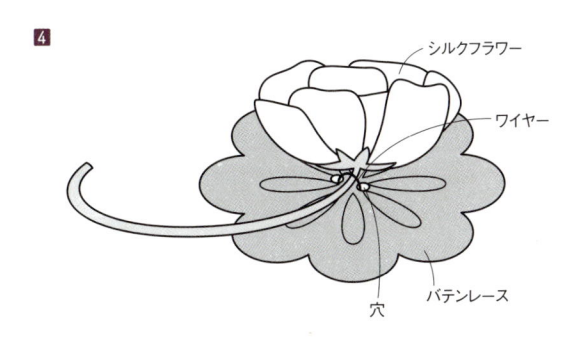

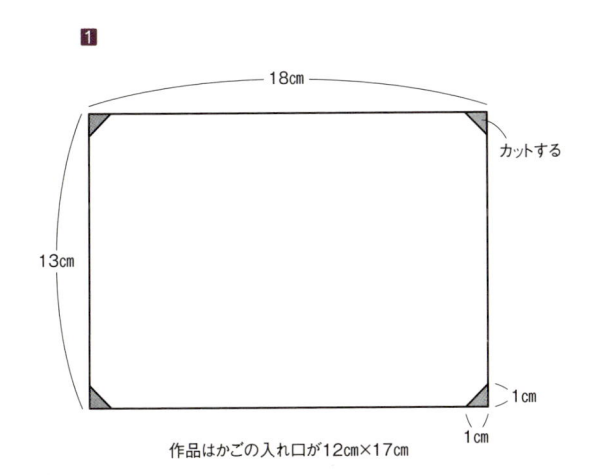

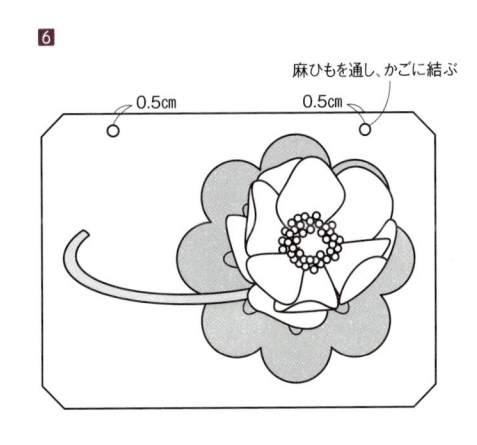

3
リネン
バテンレース

4
シルクフラワー
ワイヤー
穴
バテンレース

1
18cm
13cm
カットする
1cm
1cm
作品はかごの入れ口が12cm×17cm

6
0.5cm　0.5cm
麻ひもを通し、かごに結ぶ

67

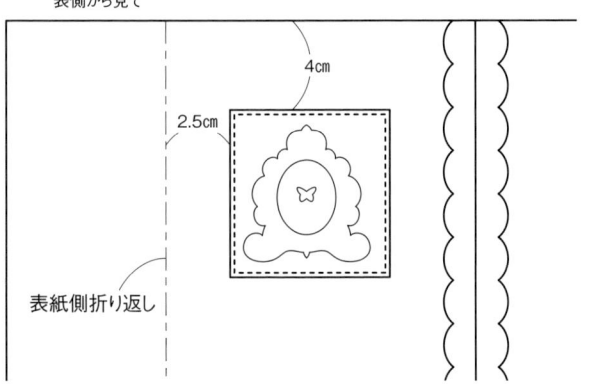

20. bookcover → page19
ブックカバー

材料

リネン地…紫 40cm×20cm
綿プリント地…ベージュ系 40cm×20cm
シーチング地…生成 適宜（スタンプより1cm四方大きめ）
接着芯…薄手 40cm×20cm
トーションレース…幅1.5cm 生成 36cm、幅1cm 生成 27cm
麻テープ…幅2cm 生成 19cm
皮革平コード…メルヘンアート 幅0.2cm ブラウン 25cm
チャーム…メルヘンアート（AC497）カギ型 1個
スタンプ…好みの模様
布地用スタンプパッド

作り方

1　リネン地に接着芯を貼り、リネン、プリント地とも型紙通りに裁つ。パターンは71ページ。
2　1のリネン地の背部分にトーションレースを縫いつける。
3　シーチング地にスタンプを押し、アイロンをかける。
4　3の周囲を裏に折り、リネン地の表紙側に縫いつける。
5　リネン地と綿プリント地を中表に合わせ、背部分に栞用皮革コードを挟んで返し口を残して縫う。
6　縫い代に切り込みを入れてアイロンで割り、返し口から表に返す。
7　図のように表紙側のカバー押さえを折り、端ミシンをかける。
8　麻テープを裏表紙側に縫いつける。
9　皮革コードの先にチャームを結びつける。

1 内側から見て

裏表紙側折り返し　　背　　表紙側折り返し

2

トーションレース　　リネン

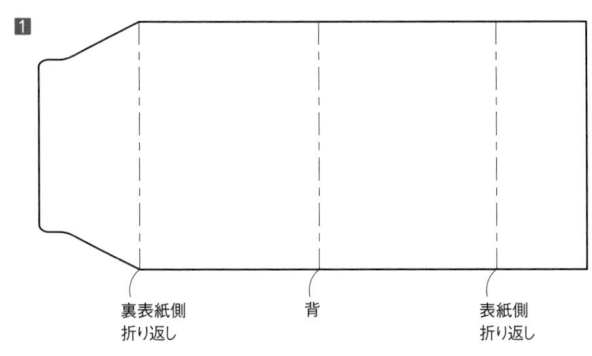

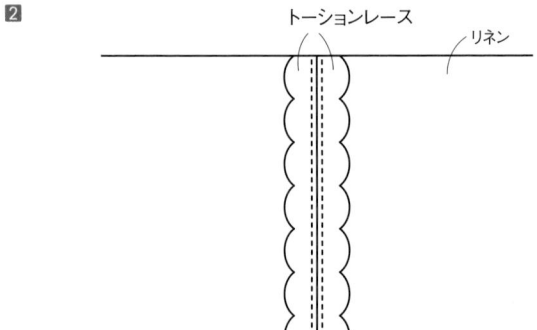

背中心に背中合わせにして2枚つける

4 表側から見て

4cm
2.5cm

表紙側折り返し

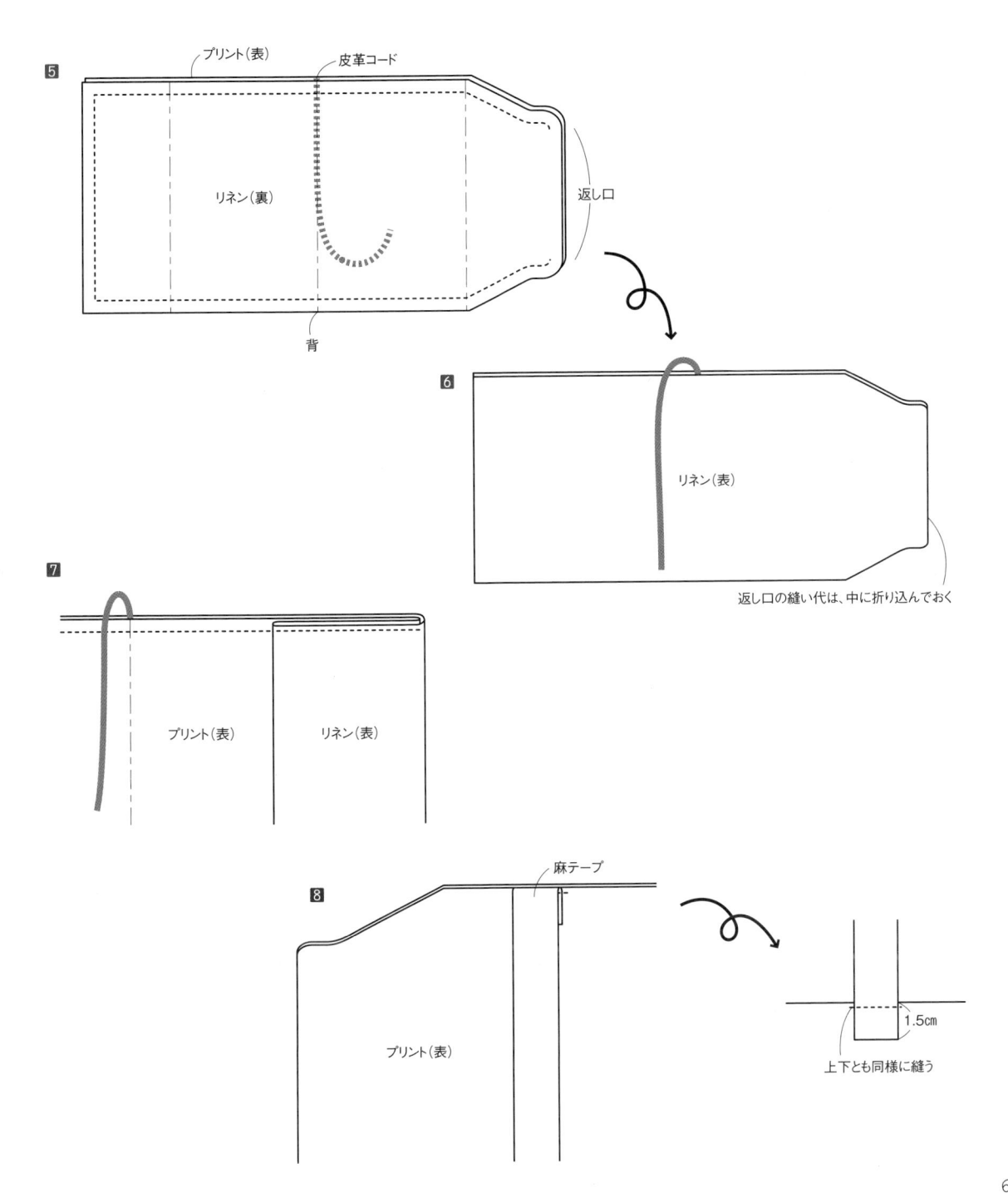

5 プリント(表) 皮革コード
リネン(裏)
返し口
背

6 リネン(表)
返し口の縫い代は、中に折り込んでおく

7 プリント(表) リネン(表)

8 麻テープ
プリント(表)
1.5cm
上下とも同様に縫う

Tools & Goods | Parts & Materials | How to Make

21.22. …bookcover→page20.21
ブックカバー

材料

21.22. 共通　リネン地…生成40cm×20cm
綿プリント地…生成に花柄 40cm×20cm
接着芯…薄手 40cm×20cm
麻テープ…幅2cm 生成 19cm
手縫糸、針、接着剤、両面テープ、カッター
21. トーションレース…幅1.5cm 生成 75cm、
　　幅1cm生成 27cm
皮革…ダークブラウン 10cm×11cm
モチーフビーズ…バラ型 直径0.7cm ピンク 2個
丸小ビーズ…シルバー 7個
25番刺繍糸…ダークブラウン 適宜
22. トーションレース…幅3cm 生成 40cm、
　　幅1cm 生成 27cm
皮革…ダークブラウン 10cm×7cm、ブラウン
　　9cm角
パールビーズ…直径0.3cm 白5個
25番刺繍糸…白 適宜

作り方

1 リネン地に接着芯を貼り、プリント地とも型紙通りに裁つ。
2 皮革をパターン通りにカットしてリネン地に貼りつける。
3 2に刺繍をしてビーズを縫いつける。
4 3の上下にトーションレースを縫いつける。
5 3とプリント地を中表に合わせ、背部分に栞用トーションレースを挟んで返し口を残して縫う。
6 5の縫い代に切り込みを入れてアイロンで割り、返し口から表に返す。
7 図のように表紙側のカバー押さえを折り、端ミシンをかける。
8 麻テープを裏表紙側に縫いつける。

※**5**〜**8**は69ページ参照

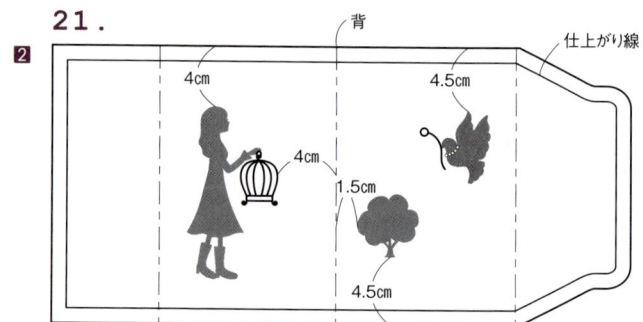

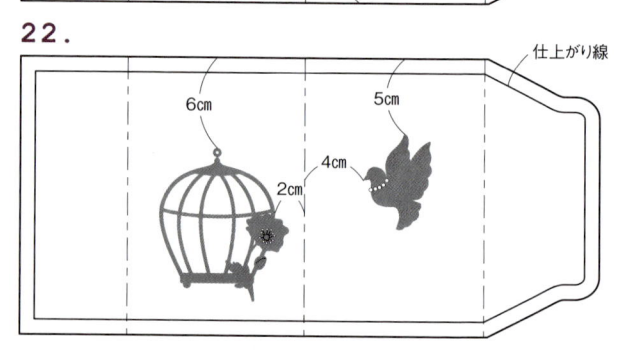

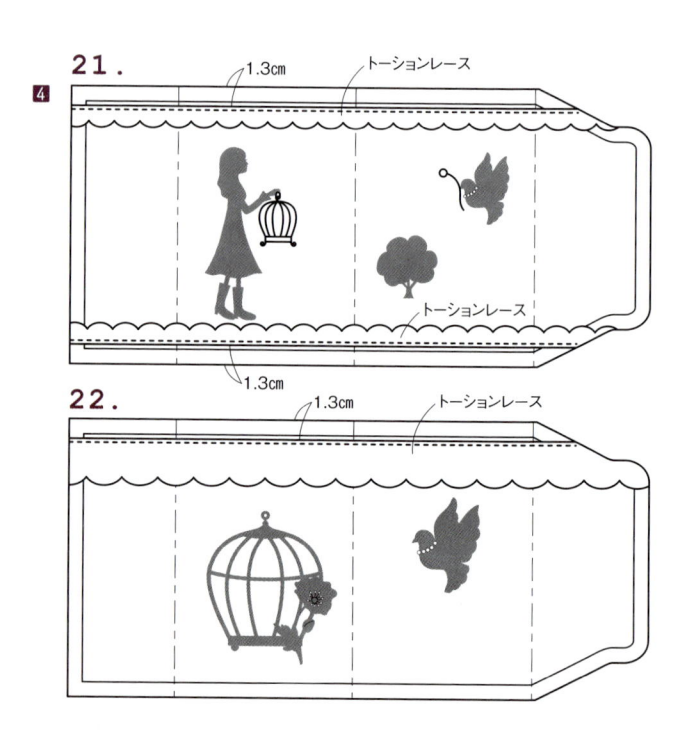

20.~ 22.のパターン

・125%に拡大して使用。( )内の縫い代、cmをつけて裁つ。

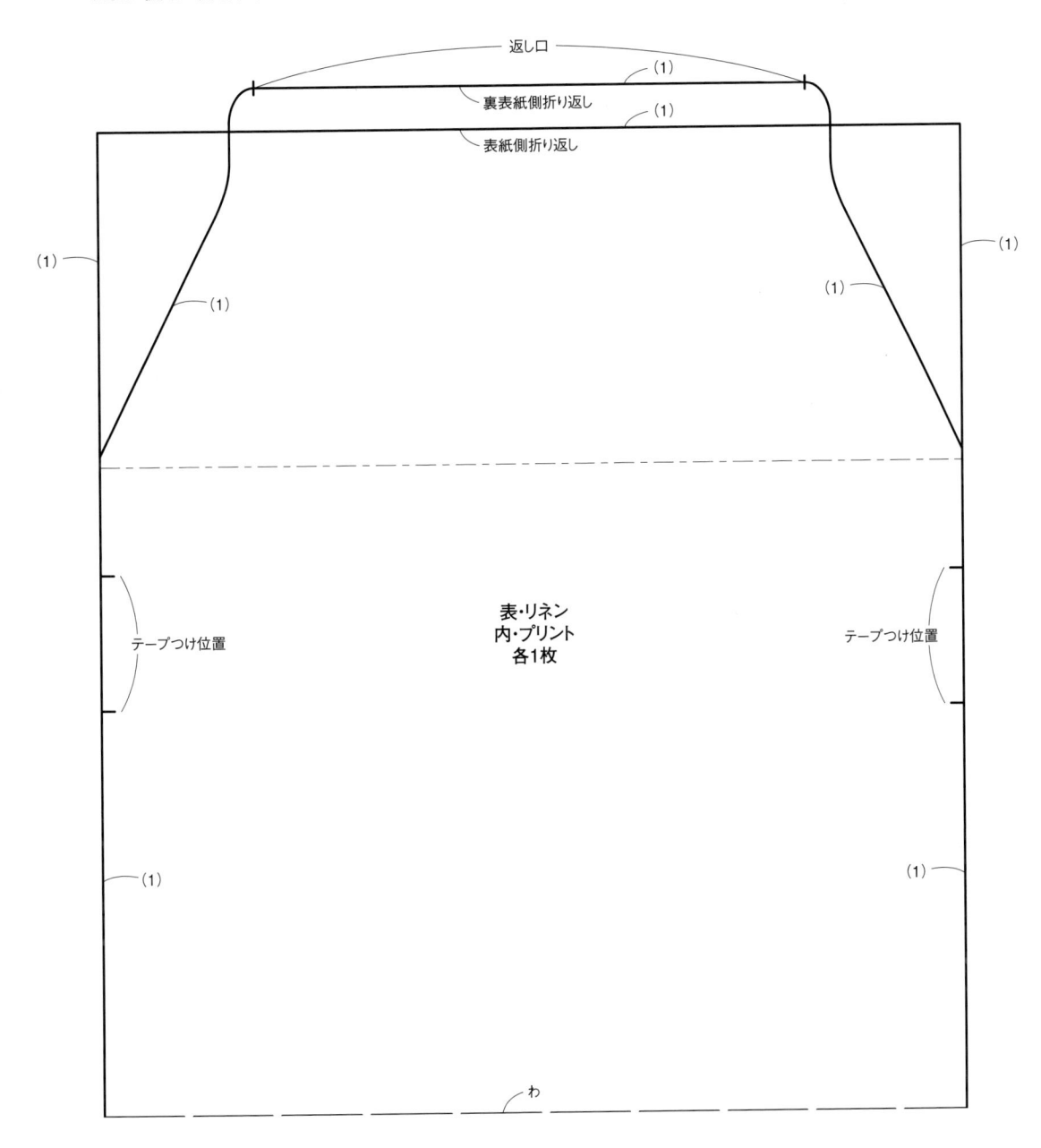

返し口 (1)

裏表紙側折り返し (1)

表紙側折り返し

(1)

(1)

(1)

(1)

テープつけ位置　　　テープつけ位置

表・リネン
内・プリント
各1枚

(1)　　　(1)

わ

| Tools & Goods | Parts & Materials | How to Make |

21. 実物大パターンと刺繍図案

バラビーズ

バック・S
2本どり

バック・S
2本どり

丸小ビーズ

皮革
1枚

皮革
1枚

皮革
1枚

22. 実物大パターンと刺繍図案

パールビーズ

皮革
1枚

皮革
1枚

・糸は2本どり

フレンチノット
ストレート・S
バック・S

皮革
1枚

・花のみダークブラウンの皮革

24. basket → page23
バスケット

材料
リネン地…生成 25cm角
シルクフラワー…グラス・ワイルドフラワー系
　4・5種　適宜
皮革平コード…メルヘンアート幅1.5cm
　ブラウン 40cm
かご…直径17cm×14cm
オアシス…直径11cm×5cm
ダンボール…直径18cm
色画用紙…A4サイズ 2枚
フェルト…直径3cm 2枚
割ピン…直径0.8cm 2本
目打ち、グルーガン、接着剤

作り方
1　ダンボール、色画用紙ともかごの入れ口より少し大きめにカットする。中央には直径10cmの穴をあける。
2　1のダンボールにリネン地を貼る。周囲には切り込みを入れ、裏側に折り返し、貼る。穴の周囲も同様にする。
3　2の裏側に1の色画用紙を貼る。
4　シルクフラワーを切り取り、オアシスにバランスよく挿して飾る。
5　3にオアシスをグルーガンで接着する。
6　内側に出たオアシスを覆うように、色画用紙をグルーガンで接着する。
7　皮革コードの両端とかごの両サイド、フェルトの中心に目打ちで穴をあけ、割ピンを通して持ち手をつける。

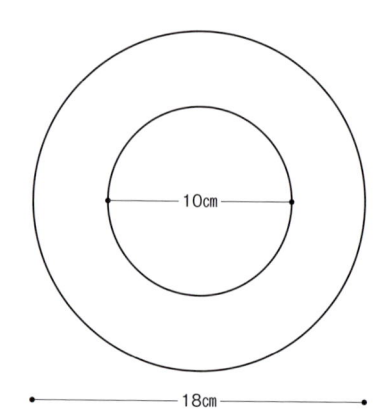

1
10cm
18cm
作品はかごの入れ口が直径17cm

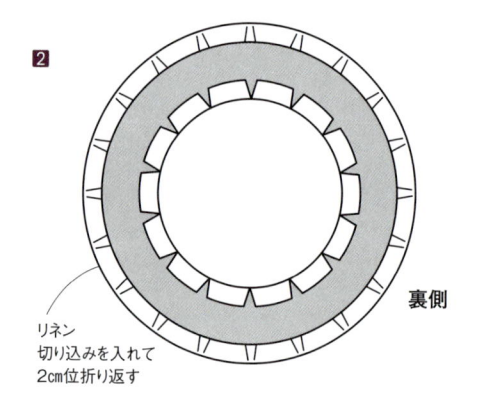

2
裏側
リネン
切り込みを入れて
2cm位折り返す

4 カットする前のシルクフラワー。

4 使いたい部分をカットしながら、円形にカットしたオアシスにバランスよく挿していく。

5 3に4をはめ込み、接着する。

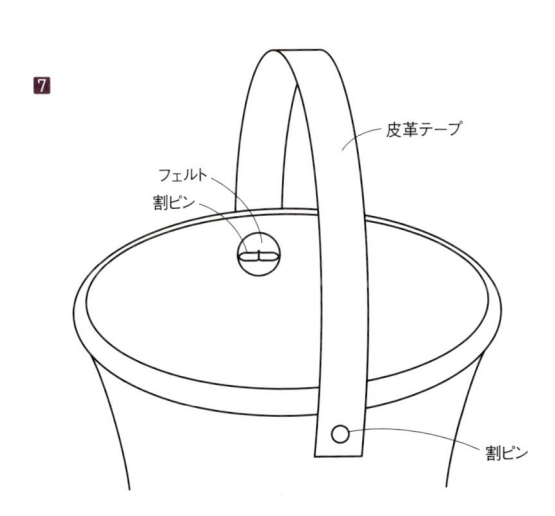

6 底と側面に色画用紙

7 皮革テープ / フェルト / 割ピン / 割ピン

25. …bag → page24.25
バッグ

材料

帆布地…ベージュ 75㎝×40㎝、
　ダークブラウン 80㎝×25㎝
綿リップル地…75㎝×22㎝
接着芯…中肉 75㎝×40㎝
綿ドイリー…直径30㎝ 白 1枚
トーションレース…幅3㎝白 18㎝
シルクフラワー…ラナンキュラス 赤 2個、
　小花 紫系2種 各2個
フェルト…直径3.5㎝ 1枚
安全ピン…長さ3.5㎝ 1個

作り方

1. 帆布地に接着芯を貼り、リップル地ともに型紙通りに裁つ。パターンは80ページ。
2. ドイリーを4等分にして1の帆布地に縫いつける。
3. 2に入れ口布(ダークブラウン)を縫い合わせる。
4. 3の縫い代をアイロンで割る。
5. 4を中表に合わせて縫う。
6. 5の縫い代に切り込みを入れ、アイロンで割って表に返す。
7. ポケットの入れ口を3つ折りにしてトーションレースを縫いつける。
8. プリント地に7を縫いつける。
9. プリント地を中表に合わせて縫い、帆布地と同様、縫い代を始末する。
10. 6と9を外表に重ね、入れ口を待ち針でとめる。
11. 図のように持ち手を作る。
12. 10に11をしつけでとめて入れ口をぐるりと縫う。
13. 図のようにシルクフラワーでコサージュを作って飾る。

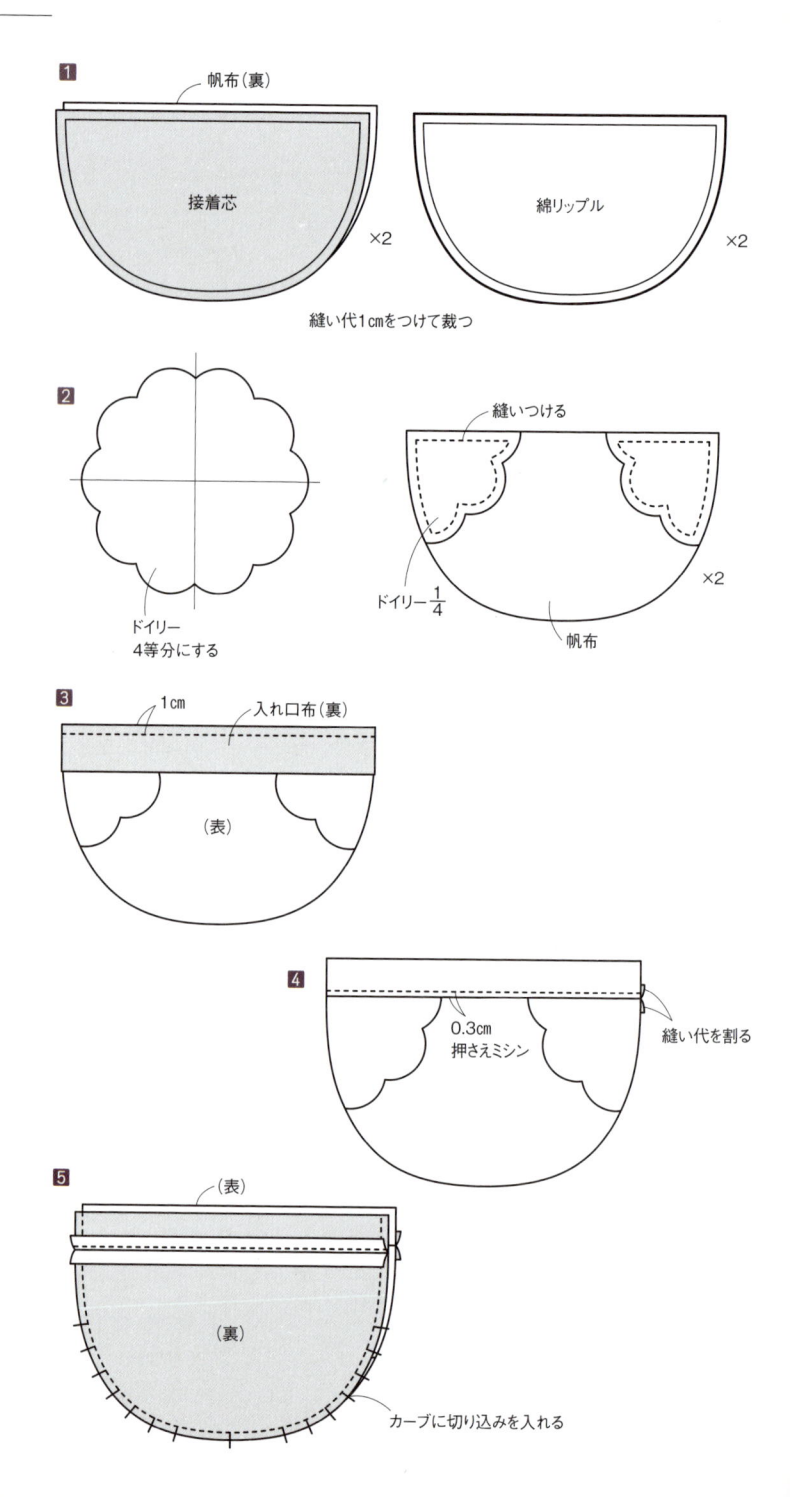

7

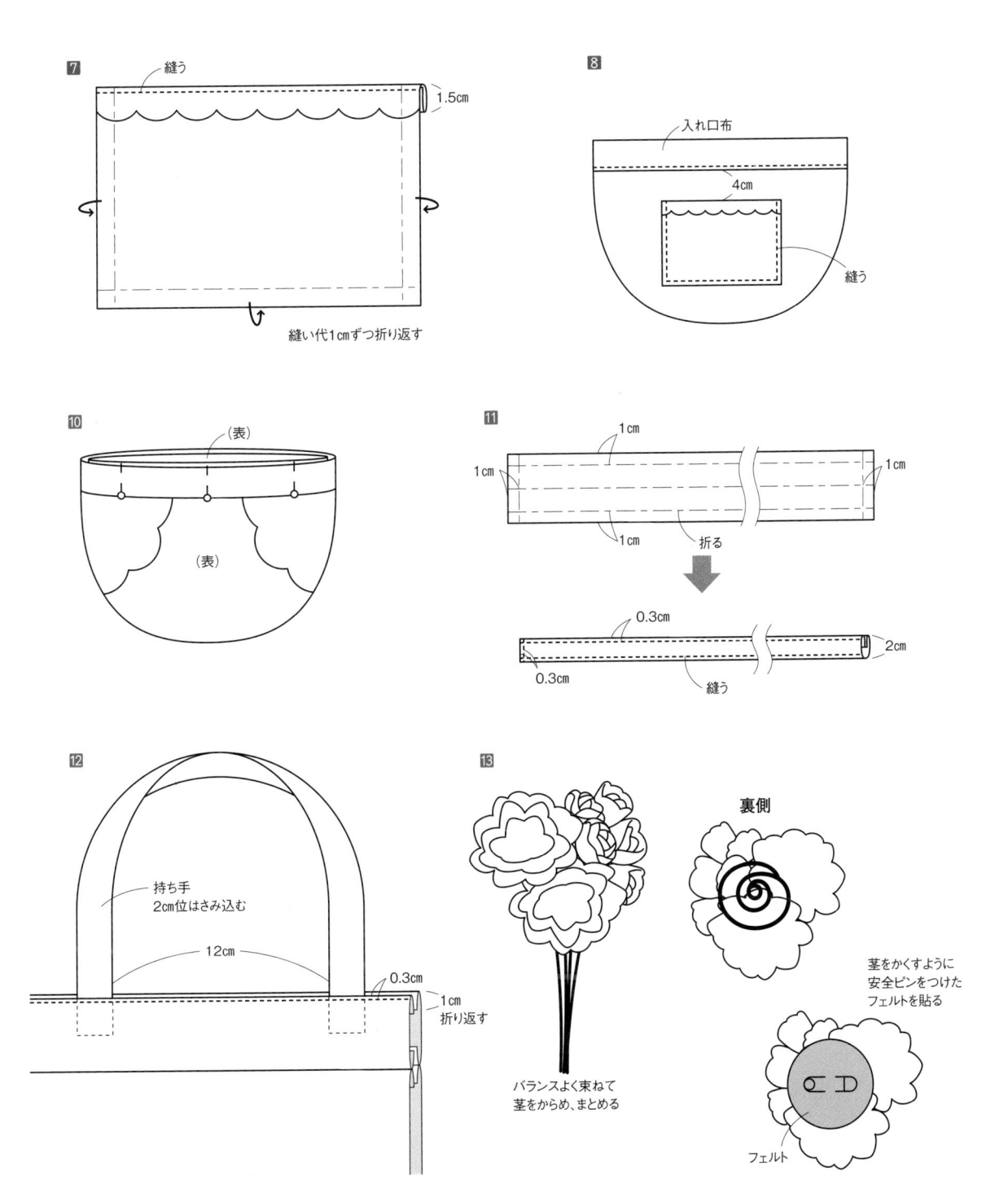

縫う

1.5cm

縫い代1cmずつ折り返す

8

入れ口布

4cm

縫う

10

(表)

(表)

11

1cm

1cm

1cm

1cm

折る

0.3cm

0.3cm

2cm

縫う

12

持ち手
2cm位はさみ込む

12cm

0.3cm

1cm
折り返す

13

裏側

茎をかくすように
安全ピンをつけた
フェルトを貼る

バランスよく束ねて
茎をからめ、まとめる

フェルト

26. bag → page26.27
バッグ

材料
カラーデニム地…ベージュ 75cm×42cm
帆布地…ダークブラウン 90cm×7cm
綿リップル地…75cm×26cm
綿ドイリー…直径30cm 生成 1枚
接着芯…中肉75cm×42cm
トーションレース…幅3cm 白 18cm
シルクフラワー…ピンク系3種 各1個
ブローチ台…長径5cm アンティークゴールド
グルーガン

作り方
1 デニム地に接着芯を貼り、デニム地、プリント地とも型紙通りに裁つ。パターンは81ページ。
2 1のデニム地1枚にドイリーを縫いつける。
3 デニム地、プリント地とも、底のダーツを縫う。
4 ポケットの入れ口を3つ折りにしてトーションレースを縫いつける。
5 リップル地1枚に4を縫いつける。
6 デニム地、プリント地ともにそれぞれ中表に合わせて縫い、縫い代に切り込みを入れてアイロンで割り、デニム地のみ表に返す。
7 6を外表に重ねての入れ口の縫い代を折り込んで、入れ口をぐるりと縫う。
8 図のように持ち手を縫い、本体に縫いつける。
9 図のようにブローチを作って飾る。

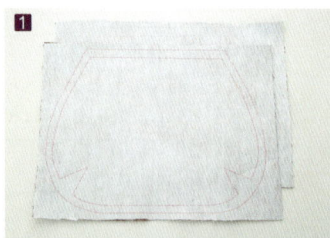

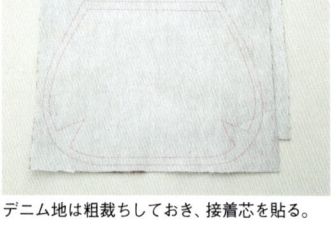

1 デニム地は粗裁ちしておき、接着芯を貼る。

2 写真のようにドイリーの中央を入れ口に沿わせるように置き、待ち針でとめて縫う。

3 ダーツをつまみ、待ち針でとめて縫う。

4 ポケットの左右と底の縫い代は折り返しておく。入れ口の折り方は77ページの7参照。

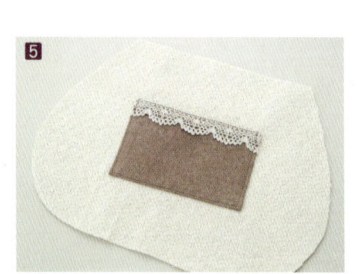

5 リップル地の中央にポケットを縫いつける。

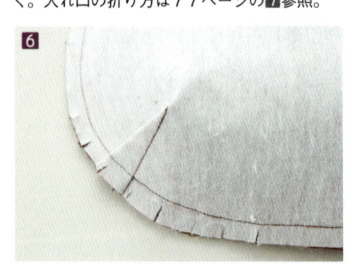

6 縫い代のカーブに切り込みを入れる。

7 表布より内布が出ないように注意して重ねる。

8

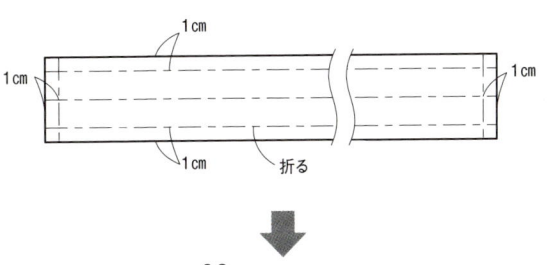

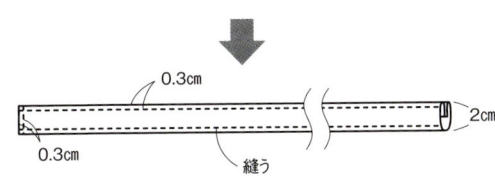

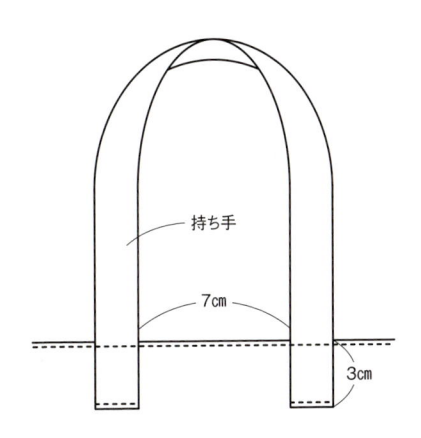

1cm / 1cm / 1cm / 1cm / 折る

0.3cm / 0.3cm / 縫う / 2cm

持ち手

7cm

3cm

9

ブローチのできあがり。

メインになる花の位置を決め、グルーガンで接着してから他の花をつける

メインの花 / ブローチ台

25. パターン

・200%に拡大して使用。( )内の縫い代、cmをつけて裁つ。

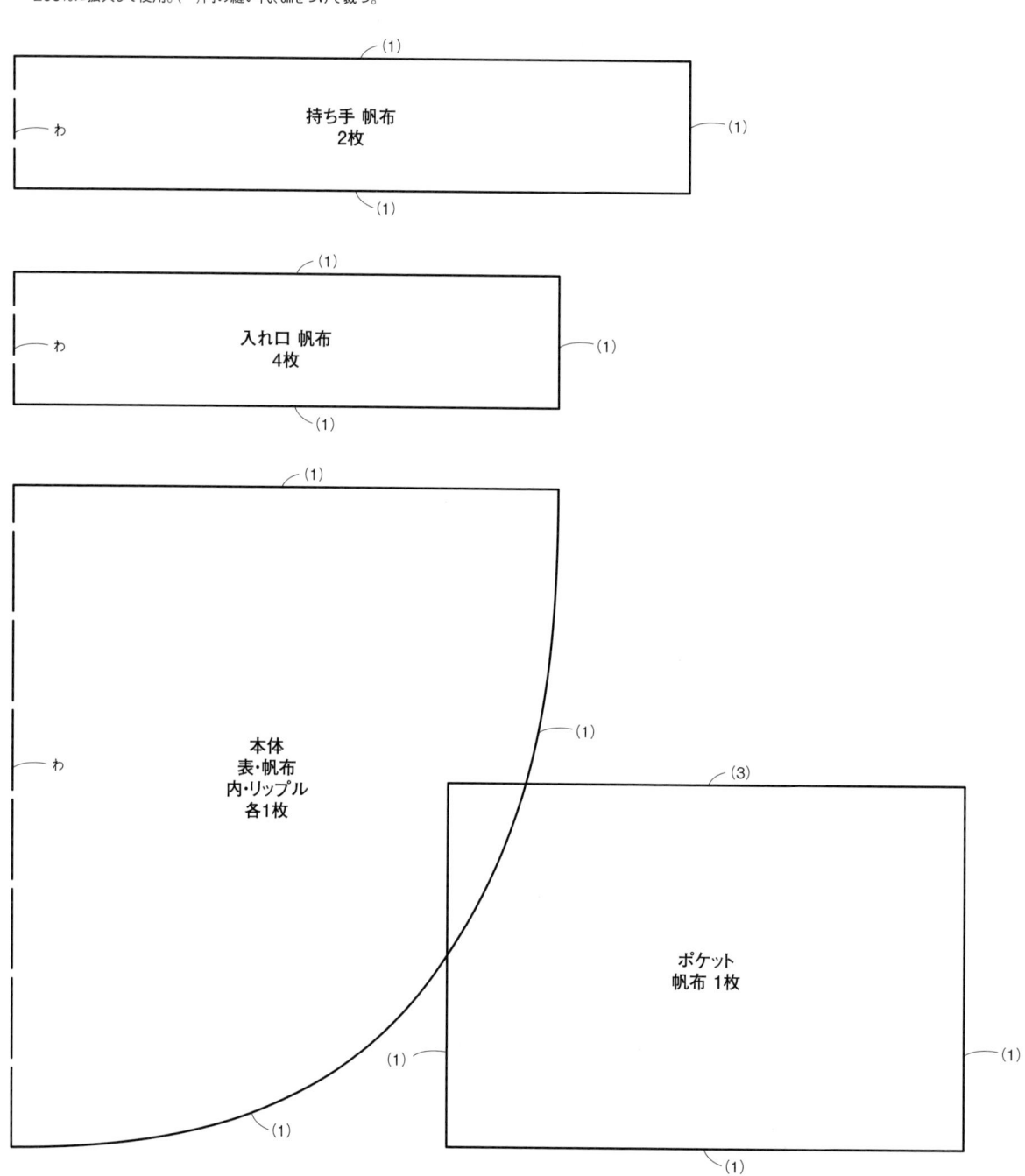

```
(1)
わ  持ち手 帆布  (1)
     2枚
(1)

(1)
わ  入れ口 帆布  (1)
     4枚
(1)

(1)
            本体
わ         表・帆布      (1)
           内・リップル
            各1枚              (3)
                       ポケット
                       帆布 1枚        (1)
                (1)
                       (1)
```

26. パターン

・200%に拡大して使用。(　)内の縫い代、cmをつけて裁つ。

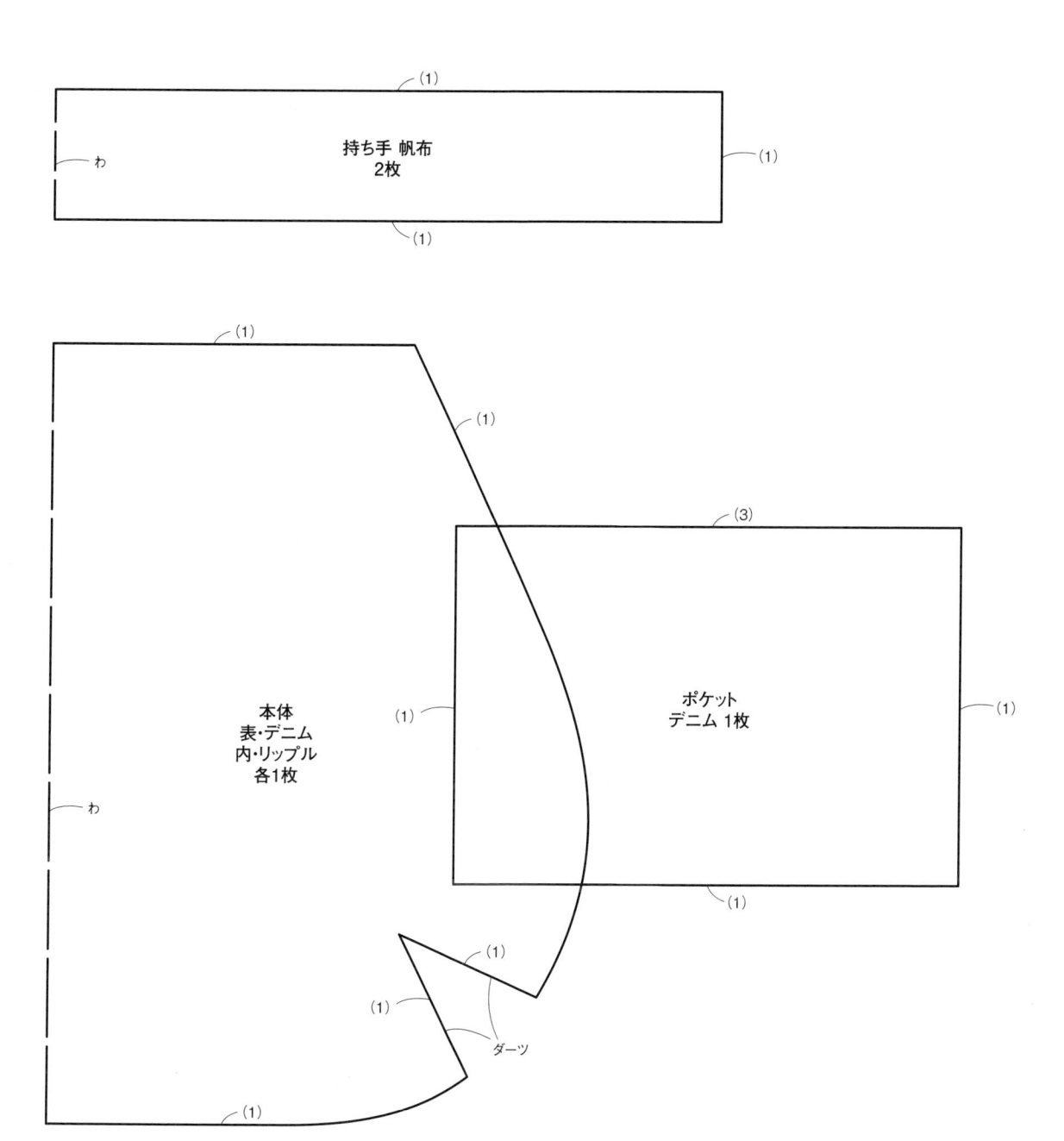

持ち手 帆布
2枚
(1)

わ

本体
表・デニム
内・リップル
各1枚

ポケット
デニム 1枚

ダーツ

| Tools & Goods | Parts & Materials | How to Make |

27.28. …ring → page30.31
リング

材料
1点分、( )内は**28.**の色
フロストビーズ…直径0.4cm ブルー(ピンク)・
　白・紫 各適宜
パールビーズ…直径0.3cm 白 適宜
サテンリボン…幅0.9cm ピンク(ブルー) 24cm
アクリルビーズ…直径2cm生成 1個
台つきリング…台の直径0.7cm シルバー 1個
接着剤

作り方
1　リボンを5cmと3cm各3枚ずつにカットし、図のようにリボンモチーフを3個作る。
2　アクリルビーズに1を1個、接着剤でつけて乾かす。
3　2にフロスト、丸小ビーズをバランスよく接着剤でつけて乾かす。丸小ビーズはフロストビーズの隙間を埋めるようにつける。
4　ある程度つけたら、2個目のリボンモチーフをつける。
5　4が乾いたら、台つきリングを接着剤でつけて乾かす。
6　5が乾いたら、残りのスペースにビーズとリボンモチーフをバランスよくつける。

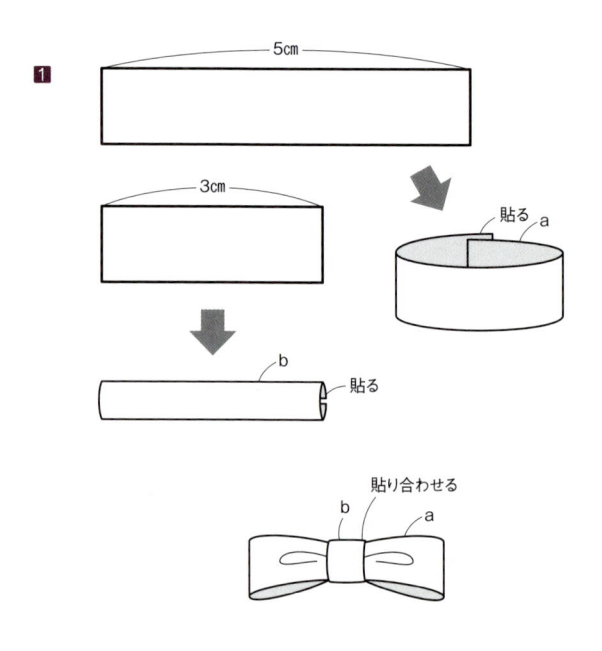

1　[図：5cmと3cmのリボンを貼り合わせて蝶結び風モチーフを作る]

2　アクリルビーズにリボンをつける。接着剤はすぐ乾くタイプがよい。

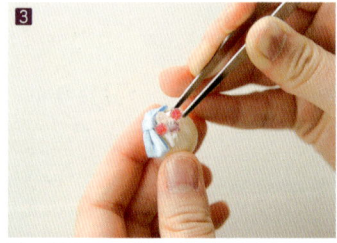

3　ビーズをつけたら、よく乾かす。

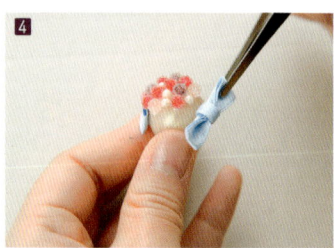

4　2個目のリボンをつけてよく乾かす。

5　リングの台に接着剤をつけて4につける。

30. ring → page32
リング

材料
ベルベットリボン…幅3.8cm グリーン 7cm
フラワーパーツ…ゴールド 直径2.2cm・
　1.2cm 各1個、直径1cm 2個
シルクフラワー…小花のブーケ 1個
シャワー金具…直径1.8cm ゴールド 1個
台つきリング…台の直径0.7cm ゴールド 1個
接着剤

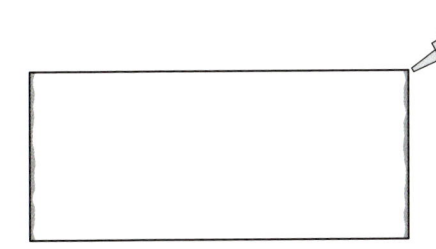

リボンの切り口に接着剤を塗っておくとほつれ防止になる。

作り方
1　リボンをシャワー金具に挟んで、ペンチで金具のツメを折り、固定する。
2　1にフラワーパーツ(大)を接着剤でつける。
3　小花のブーケを切り離し、茎に接着剤をつけて2のシャワー金具の穴に刺す。
4　3に残りのフラワーパーツをバランスよくつける。
5　残りの小花を4の隙間を埋めるようにバランスよく刺す。
6　5が乾いたら、台つきリングに接着剤でつける。

1 中央にタックを寄せてリボン型になるように。

2 シャワー金具に接着剤をつけ、しっかり貼りつける。

3 ブーケから1本ずつにカット。

3 シャワー金具の穴にしっかり挿す。

4 5 フラワーパーツ(小)をつけてから、小花を挿す。

29. …ring → page32
リング

材料

シルクリボン…幅3cm 山吹色、
　幅2cm からし色 各100cm
メタルビーズ…直径0.2cm アンティークシルバー
　適宜
葉型チャーム…長径3.8cm アンティークシルバー
　1個
ウッドビーズ…直径1cm（穴の大きなタイプ）　生成
　2個
シャワー金具つきリング…シャワー金具の直径
　1.5cm アンティークシルバー 1個
丸カン…直径0.4cm アンティークシルバー 3個
テグス(1号)、手縫糸、針

作り方

1. 幅3cmのリボンは中央と下辺を、幅2cmのリボンは下辺をぐし縫いし、両方ともきつめにギャザーを寄せてくるくる巻く。
2. 1の下辺を縫い合わせ、2つをまとめる。
3. ウッドビーズをベースにして図のようにメタルビーズボールを2個作る。
4. シャワー金具に3と葉型チャームを丸カンでつける。
5. 2のリボンをシャワー金具に縫いつける。
6. シャワー台のツメをペンチで倒して5を固定する。

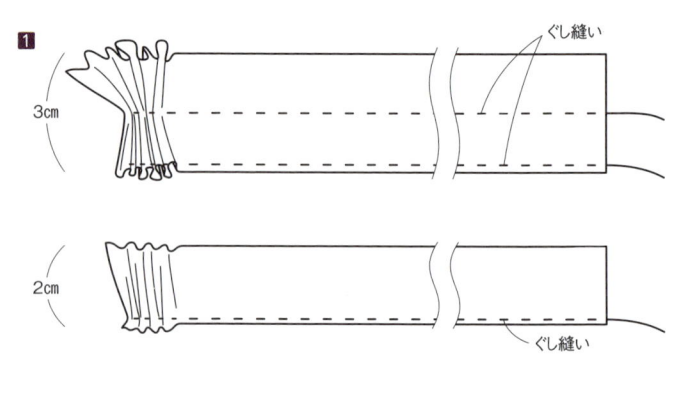

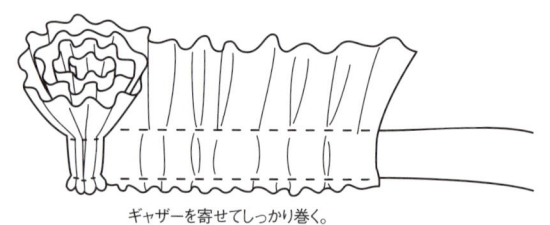

① ぐし縫い
3cm
ぐし縫い

2cm
ぐし縫い

ギャザーを寄せてしっかり巻く。

① それぞれのリボンにギャザーを寄せ、巻いたもの。

② 2つの底を縫い合わせる。

3

テグスにメタルビーズを通してウッドビーズに巻いていく。巻き方は図参照。

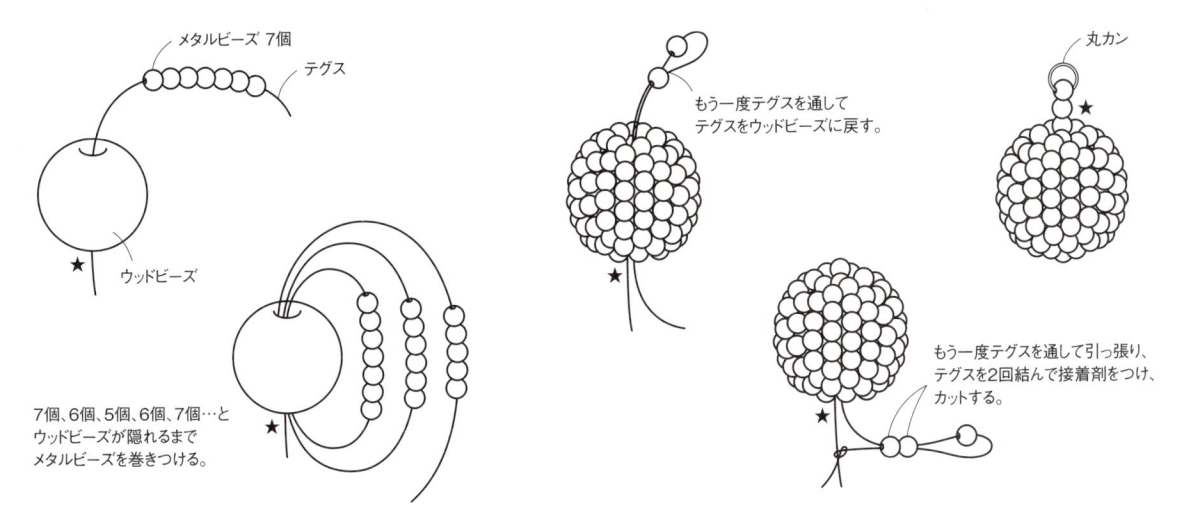

メタルビーズ 7個
テグス
ウッドビーズ

7個、6個、5個、6個、7個…とウッドビーズが隠れるまでメタルビーズを巻きつける。

もう一度テグスを通してテグスをウッドビーズに戻す。

丸カン

もう一度テグスを通して引っ張り、テグスを2回結んで接着剤をつけ、カットする。

4

3と葉型チャームに丸カンをつけ、シャワー金具につける。

5

4に2を縫いとめる。

6

リングのシャワー台の爪を倒してシャワー金具を固定する。

31. ring → page33
リング

材料
ボタン…直径3cm アンティークゴールド 1個
皮革…直径3cm 赤 1枚
テントウ虫パーツ…長径1.3cm 赤 1個
台座つきカボションストーン…四角形 1.2cm
　　×1cm パール 1個、楕円形 長径1cm
　　ベージュ・白 各1個、楕円形 長径0.8cm
　　ベージュ 2個・白 1個
星型パーツ…直径0.5cm ゴールド 3個
コイン型チャーム…直径0.6cm ゴールド・
　　シルバー 各3個
カボション台…直径0.6cm ゴールド 1個
台つきリング…台の直径1.5cm アンティーク
　　ゴールド 1個
接着剤

作り方
1　ボタンに合わせて皮革をカットし、接着剤で貼りつける。
2　1にテントウ虫、カボションストーンを接着剤でつけ、次に星をつける。
（図、写真を参照して位置を決める）
3　2にコインをつける。
4　王冠に見立たカボション台をテントウ虫の頭に斜めにつける。
5　飾りをつけたボタンが乾いたら、台つきリングに接着剤でつける。

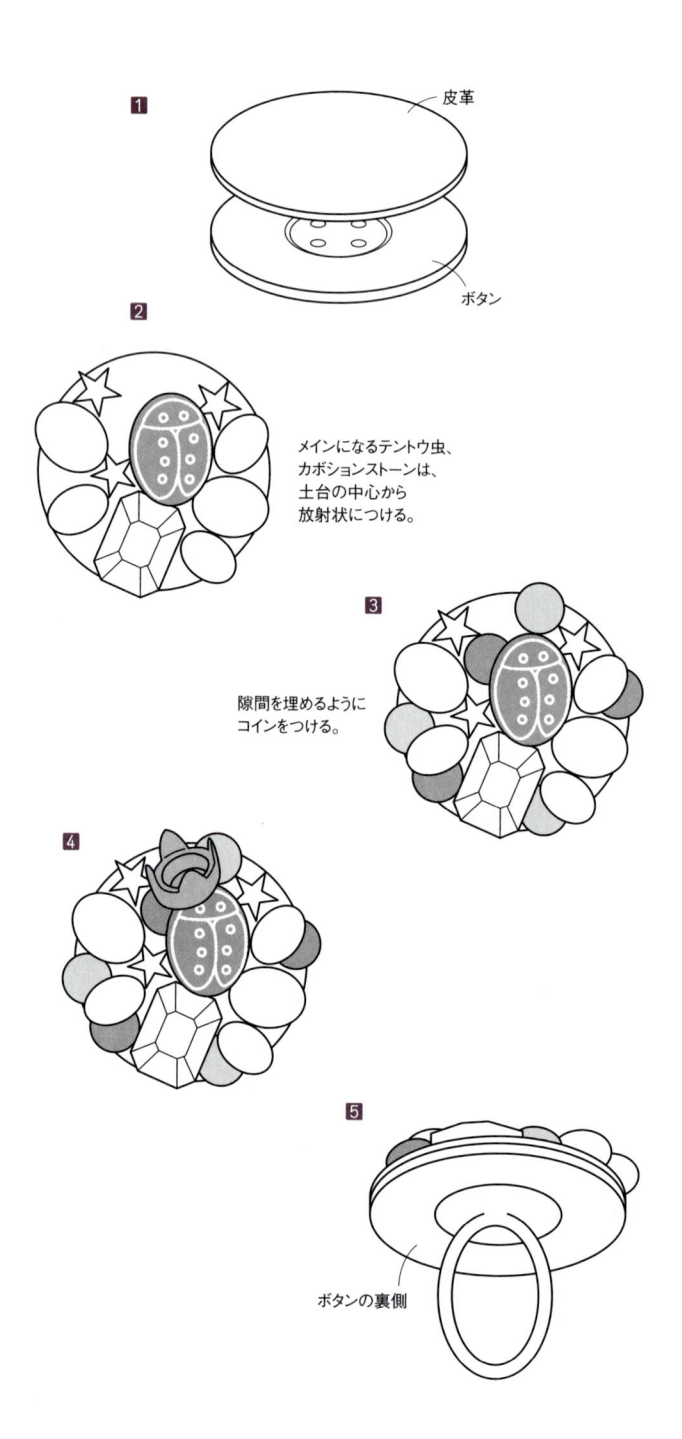

1　皮革／ボタン

2　メインになるテントウ虫、カボションストーンは、土台の中心から放射状につける。

3　隙間を埋めるようにコインをつける。

4

5　ボタンの裏側

32. ring → page33
リング

材料
シェルパーツ…長径2.8cm クリームパール
　1個
パールビーズ…直径0.3cm クリームパール
　適宜
蝶パーツ…長径1.1cm シルバー 2個
カメオ台…長径4.7cm ダークシルバー 1個
台つきリング…台の直径1.5cm シルバー 1個
接着剤

作り方
1. カメオ台の中央にシェルパーツを接着剤でつける。
2. シェルパーツの周囲にパールビーズをつける。(ビーズの穴が見えないように横にする)
3. 2の上に蝶パーツをバランスよくつける。
4. 3が乾いたら、台つきリングに接着剤でつける。

2 ビーズ
ビーズの穴が見えないように注意する。

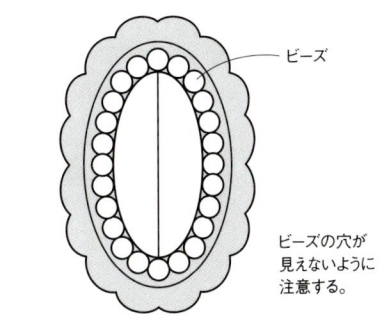

3 蝶パーツ

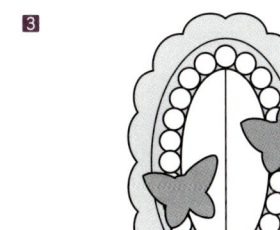

1 カメオ台
シェルパーツ

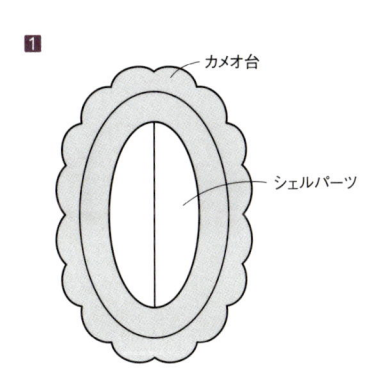

4 接着剤をつける
台つきリング

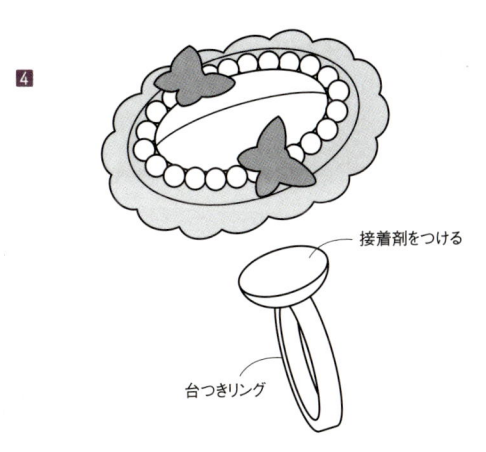

33. emblem → page36
エンブレム

材料

タックグログランリボン…幅3.5cm
　ブラウンにベージュのストライプ 72cm
グログランリボン…幅1cm
　ブラウンにベージュのストライプ 100cm
サテンリボン…幅2.5cm クリーム色 50cm
モチーフレース…直径2cm 白 1枚、
メタルモチーフ…直径1.5cm コイン 1個、
　直径3.5cm エンブレム 1個
シルクフラワー…小花 6個
丸小ビーズ…玉虫色 適宜
プラスチックビーズ…長径2.5cm ベージュ 1個
ラインストーン…長径1cm クリア 1個
パールビーズ…直径1.5cm〜0.3cm 適宜
フェルト…厚手 5.5cm
ねじり丸カン…直径0.8cm
　アンティークゴールド 1個
回転カン…長径2.2cm アンティークゴールド 1個
チェーン…アンティークゴールド 長さ20cm
ブローチ台…長径3cm アンティークゴールド 1個
貝ボタン…直径1.2cm 白 1個
手縫糸、針、グルーガン

作り方

1. 図のようにタックリボン25cmを輪に縫う。
2. 1を2枚重ねて縫う。
3. 2の裏に各リボンを図のように縫いとめる。
4. 円形にカットしたフェルトにシルクフラワー、ビーズなどの飾りを縫いつける。
5. 3の中央に4を縫いつける。
6. 5の裏側にブローチ台を貼り、チェーンを通す。

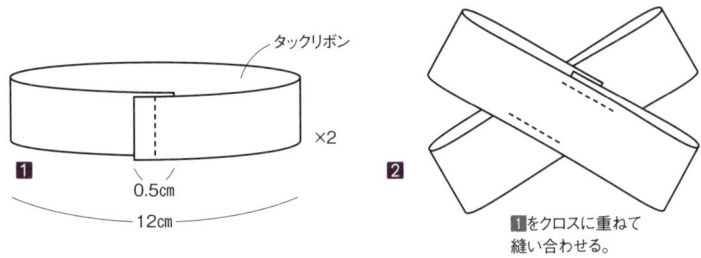

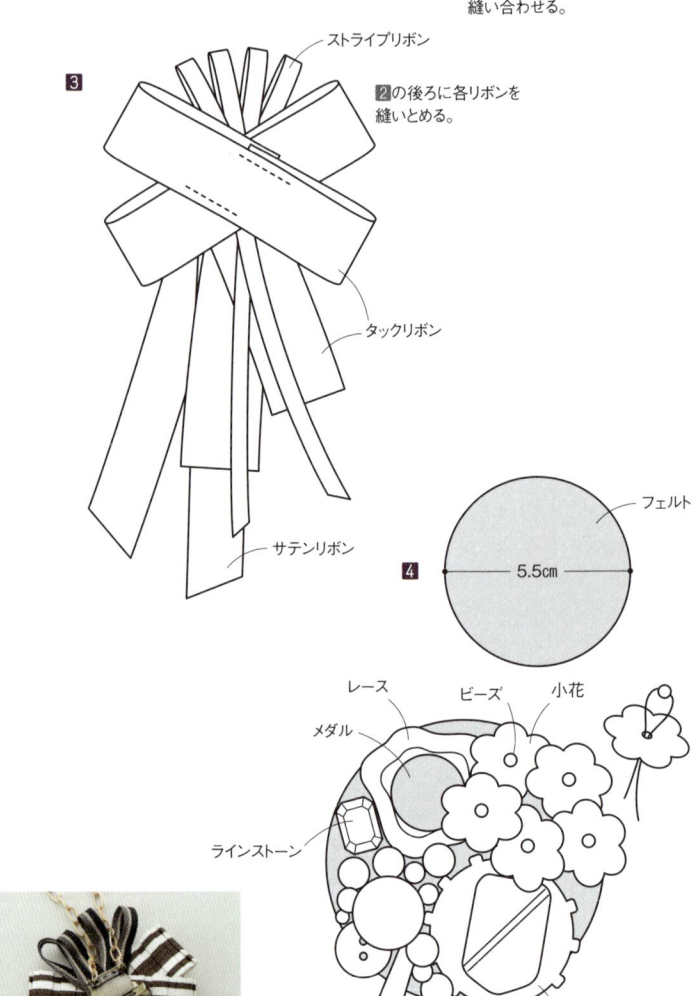

裏側。ブローチピンに丸カンでチェーンをつける。

34. emblem → page37
エンブレム

材料
コットンガーゼ…生成 19cm角
フェルト…厚手 生成 8.5cm角
モチーフレース…直径8.5cm 生成 1枚、
　長径6cm イニシャル入りの生成 1枚、
　長径9cm 蝶形 白 1枚
梵天レース…幅3cm 白 10cm
トーションレース…幅3cm 生成 15cm
リネンガーゼ…ピンク 8cm×23cm
カギチャーム…長さ5cm
　アンティークシルバー 1個
ラインストーンチャーム…四角形 1.2cm×
　1.8cm クリア、直径0.5cm ブルー 各1個
ボタン…直径1cm 白、直径1.8cm クリア
　各1個
安全ピン…長径3.5cm ゴールド 1個
リボン…幅2.5cm 白×ブルーのストライプ
　60cm
手縫糸、針

作り方
1. 布の裏中央に丸くカットしたフェルトを仮縫いし、その表にモチーフレースを縫いとめる。
2. リネンガーゼを図のように縫ってギャザーを寄せ、1に縫いつける。
3. 2にレース、チャーム、ビーズなどを縫いとめていく。
4. 布の周囲をぐし縫いし、引き絞ってギャザーを寄せて始末する。
5. 裏に2つ折りにしたリボンを縫いつける。

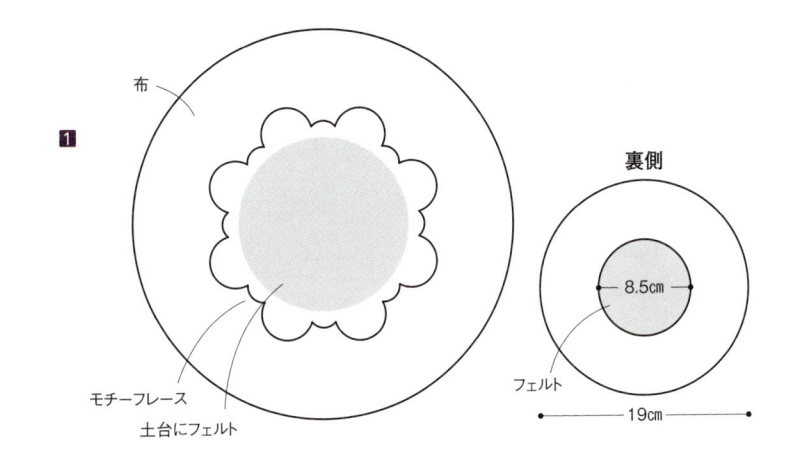

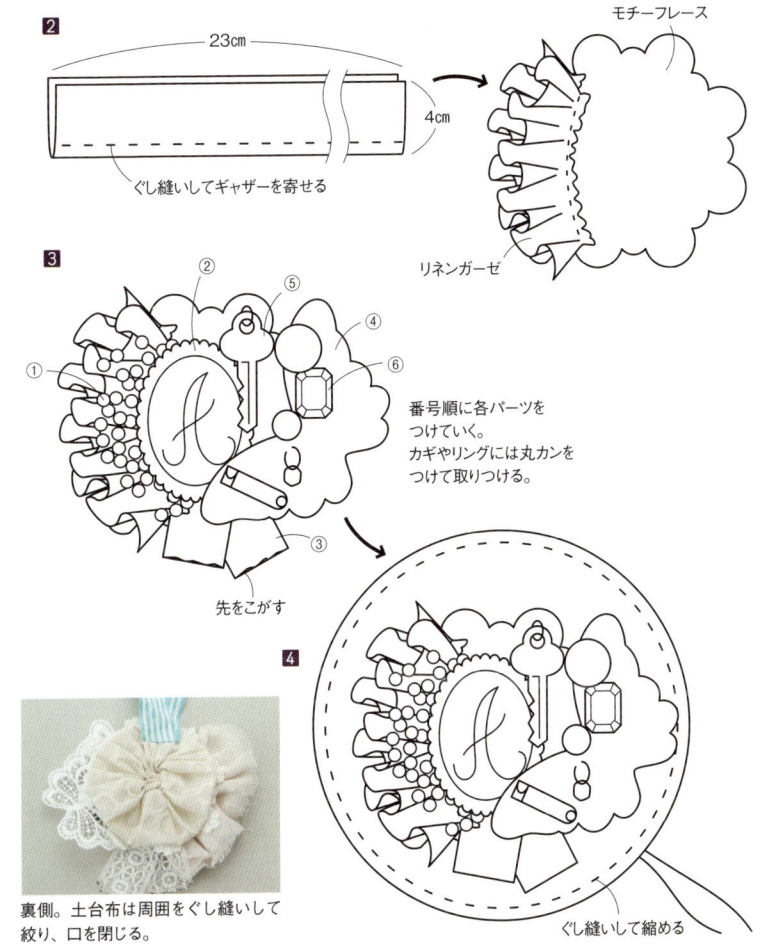

1　布　モチーフレース　土台にフェルト　裏側　8.5cm　フェルト　19cm

2　23cm　4cm　ぐし縫いしてギャザーを寄せる　モチーフレース　リネンガーゼ

3　番号順に各パーツをつけていく。カギやリングには丸カンをつけて取りつける。　先をこがす

4　裏側。土台布は周囲をぐし縫いして絞り、口を閉じる。　ぐし縫いして縮める

89

35. …charm → page38
チャーム

材料

フルーツパーツ…長径2.5cm(イチゴの場合)
　イチゴ、リンゴ、洋ナシ 各1個
蝶パーツ…長径4cm 紫 1個
トカゲパーツ…長径2cm ゴールド 1個
しずくビーズ…長径1.5cm クリア 1個
カットビーズ…直径1.5cm グリーン 1個、
　直径1cm クリア 1個
回転カン…長径2.2cm ゴールド 1個
ねじり丸カン…直径0.8cm ゴールド 2個
丸カン…直径0.5cm ゴールド 12個
Tピン…長さ3cm ゴールド 2本
チェーン…長径1.2cmのリング状
　ゴールド 20cm

作り方

1　各パーツに丸カンやTピンをつける。
2　ねじり丸カンに1のイチゴ、しずくビーズ、グリーンビーズをつける。
3　図のように、チェーンに各パーツをバランスよくつける。
4　チェーンの片端に回転カン、反対側の端に2のねじり丸カンをつける。

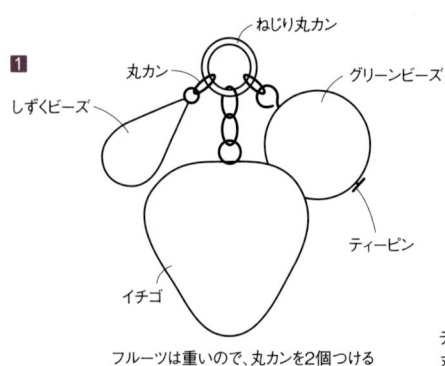

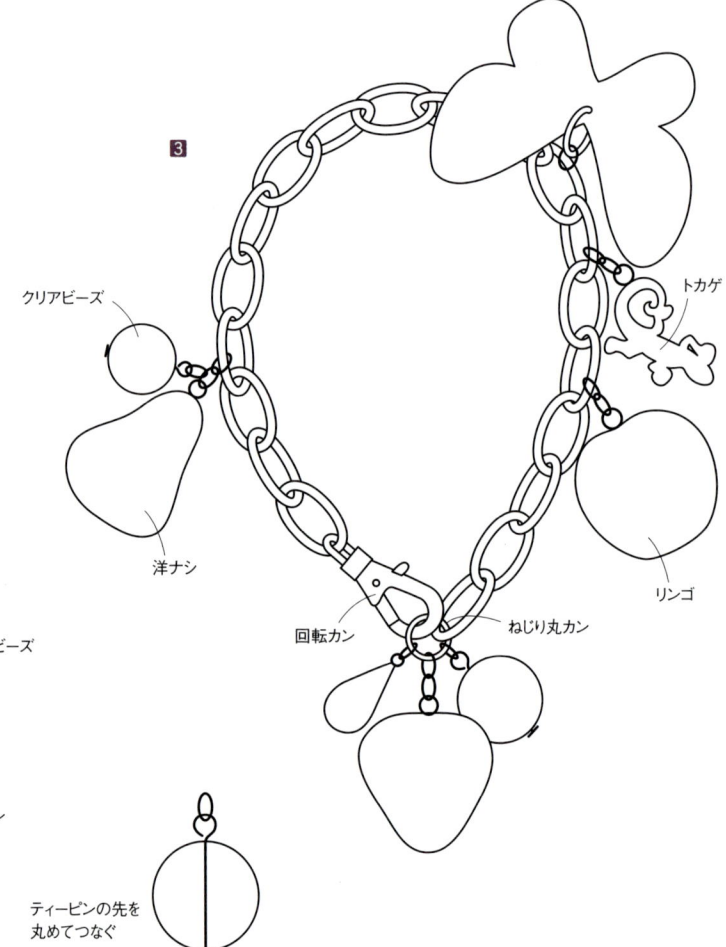

36. …charm→page39
チャーム

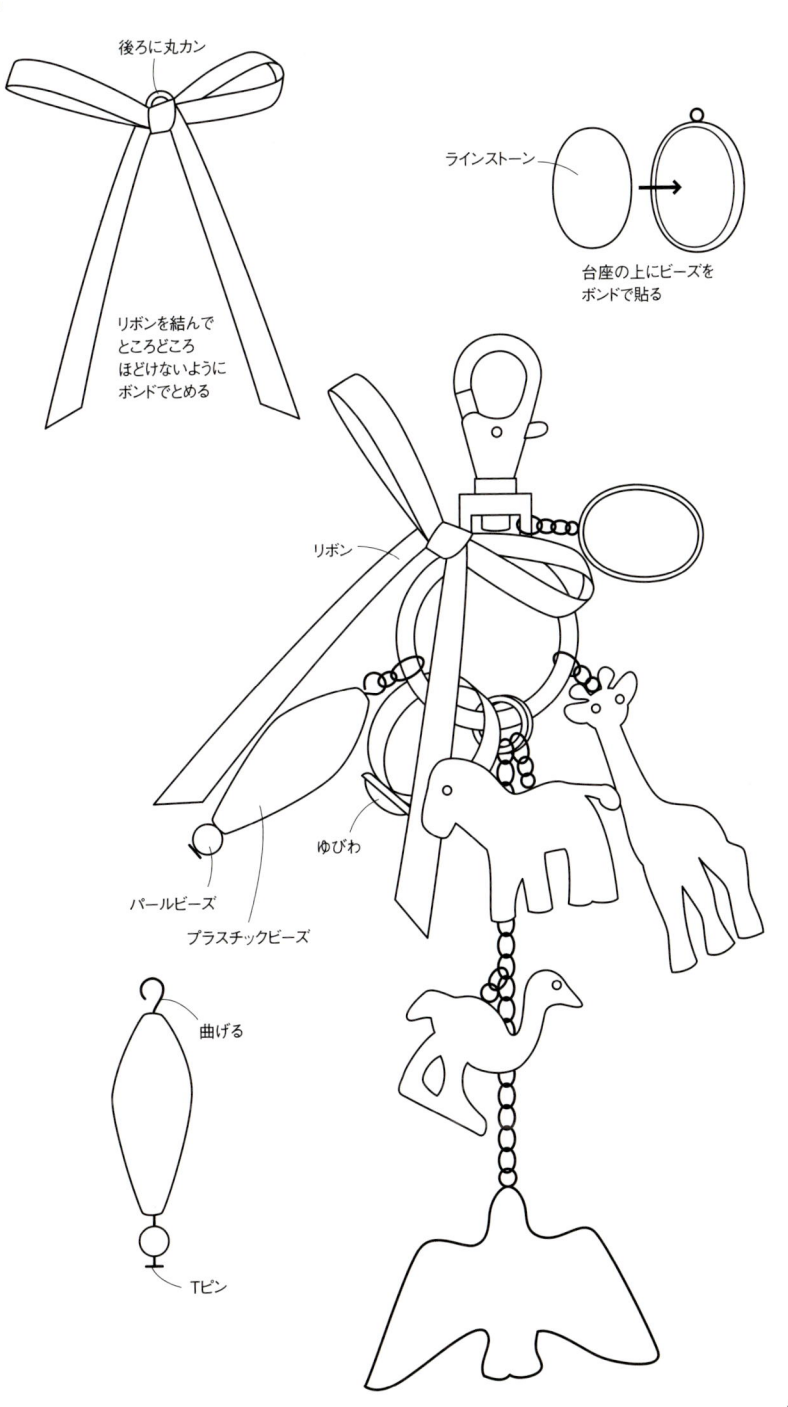

後ろに丸カン

ラインストーン

台座の上にビーズを
ボンドで貼る

リボンを結んで
ところどころ
ほどけないように
ボンドでとめる

材料
アニマルフィギュア…長径4cm
　(キリンの場合) 好みの動物4種
サテンリボン…幅0.6cm　ブルー 20cm
プラスチックビーズ…長径3cm
　ライトグリーン 1個
パールビーズ…直径0.4cm 白 1個
ラインストーン…長径2cm 紫 1個
ペンダント台座…長径2cm シルバー 1個
おもちゃのリング…エメラルド 1個
キーリング…直径3cm(リング部分)
　シルバー 1個
チェーン…リング状 シルバー 7cm
ヒートン…長径0.5cm
　アンティークシルバー　4個
丸カン…直径0.4cm シルバー 7個、
　直径0.8cm シルバー 2個
Tピン…長さ5cm シルバー 1本
接着剤

作り方
1️⃣ リボンは結び、ビーズは図のように
Tピンに通し、ライトストーンには台座を
つけておく。
2️⃣ 各パーツにヒートン、丸カンなどを
つける。
3️⃣ チェーンにアニマルフィギュアを3
個つけて丸カン(大)をつける。
4️⃣ キーリングに1️⃣、2️⃣、3️⃣をバランス
よく通す。

リボン

ゆびわ

パールビーズ
プラスチックビーズ

曲げる

Tピン

接着剤をつけたヒートンを挿しこみ丸
カンをつける。

91

37. charm → page40
チャーム

材料

シャボン玉瓶…直径5㎝ ビンテージ風 1個
チェーン・タッセル…長さ3㎝
　アンティークシルバー 1個
しずくビーズ…長径1.5㎝ クリア 1個
シルクフラワー…小花 ブルー 1個
チェーン…幅0.3㎝
　アンティークゴールド 42㎝
ねじり丸カン…直径0.8㎝
　アンティークゴールド 3個
丸カン…直径0.4㎝
　アンティークゴールド 3個
引き輪…直径1㎝
　アンティークゴールド 1個

作り方

1　チェーンを2重にして端に丸カンを2個通す。
2　1の丸カンに引き輪をつなぎ、1個にはシルクフラワーの茎を巻きつける。
3　タッセルとしずくビーズに丸カンをつけ、ねじり丸カンに通しておく。
4　シャボン玉瓶の持ち手にねじり丸カンをつけ、片方にはチェーンを通し、片方には3をつける。

3　ねじり丸カン／丸カン／しずくビーズ／タッセル

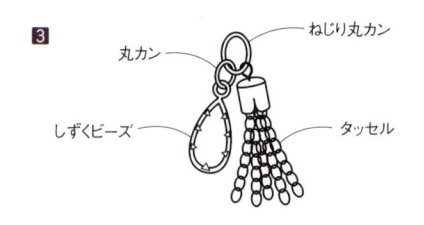

1　チェーン／丸カン／引き輪

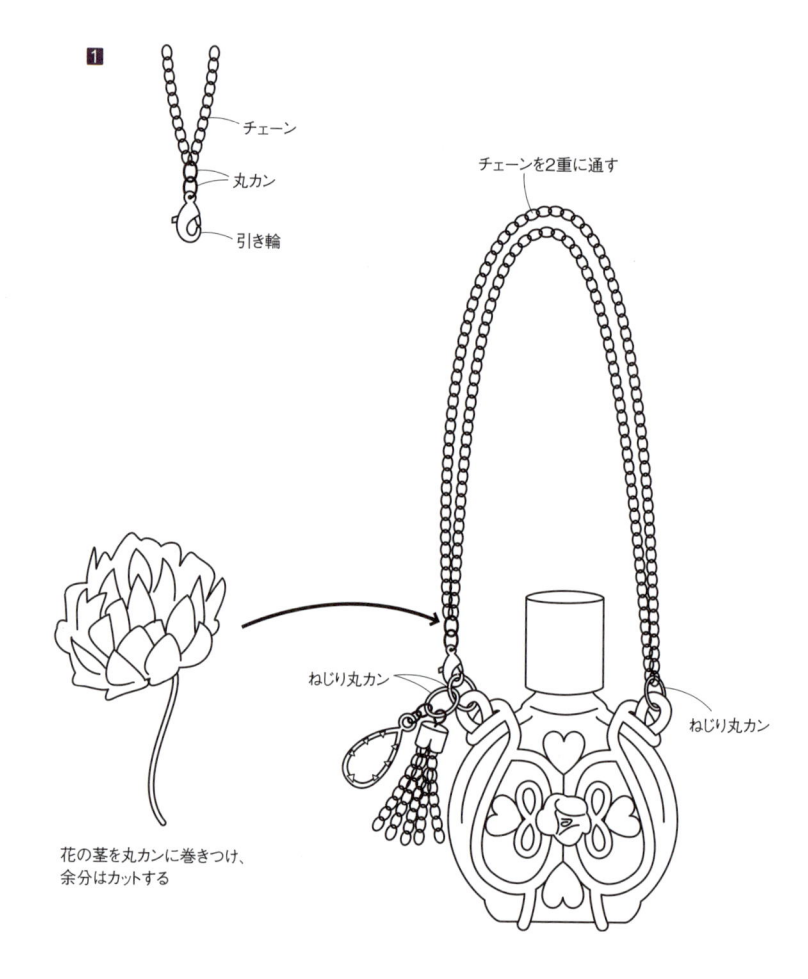

チェーンを2重に通す

花の茎を丸カンに巻きつけ、余分はカットする

ねじり丸カン　ねじり丸カン

38. …charm→page40
チャーム

材料

フレームパーツ…長径3cm
　アンティークゴールド 1個
時計のカギパーツ…長径3cm
　アンティークゴールド 1個
ナンバーパーツ…長径4cm
　アンティークゴールド 1個
マリアメダイ…長径2.5cm ゴールド 1個
しずくビーズ…長径1.5cm クリア 1個
カットビーズ…直径1.7cm クリア 1個
チェコビーズ…直径0.8cm 白 1個
チェーン…長径0.8cmのリング状
　ゴールド 23cm
回転カン…長径2.2cm ゴールド 1個
丸カン…直径1cm ゴールド 2個、
　直径0.5cm ゴールド 6個
Tピン…長さ3cm ゴールド 1本
ヒートン…長径0.5cm 2個

作り方

1. フレームパーツに写真を入れる。
2. 各パーツに丸カンやTピンをつける。
3. チェーンの片端に丸カンと回転カンをつけ、反対側の端に丸カン（大）をつけてフレームパーツをつける。
4. 3に残りのパーツをバランスよくつける。

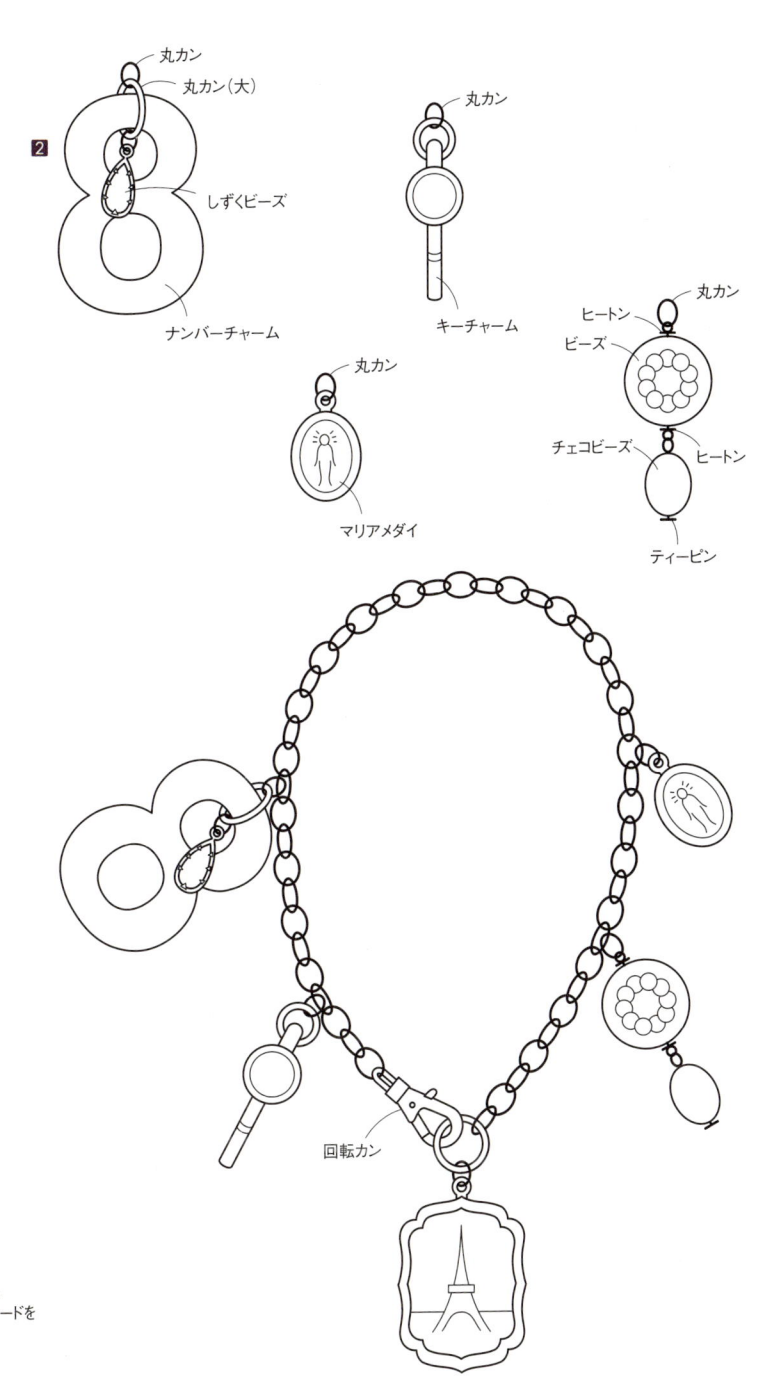

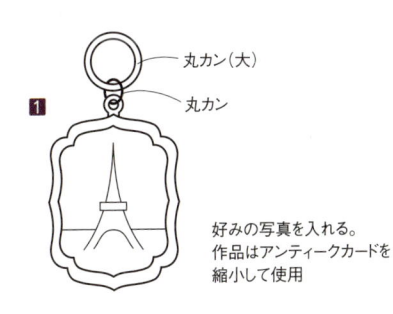

好みの写真を入れる。
作品はアンティークカードを縮小して使用

39. …charm→page41
チャーム

材料
方位磁針…直径3.5cm ビンテージ風 1個
ドッグ・タグ…長径3.3cm
　アンティークシルバー 1個
シルクフラワー…アジサイ 紫系 8個
チェコビーズ…直径0.8cm アイボリー 16個
パールビーズ…直径0.4cm 8個
ねじり丸カン…直径0.8cm シルバー 1個
丸カン…直径0.8cm シルバー 2個、
　直径0.4cm シルバー 4個
引き輪…直径1cm シルバー 1個
Tピン…長さ3cm シルバー 8本
9ピン…長さ3cm シルバー 16本

作り方
1　チェコビーズに9ピンを通して写真のように丸め、ビーズ同士をつなぐ。
2　シルクフラワーには図のように、丸小ビーズとTピンを通して丸カンにまとめおく。
3　ドッグ・タグには丸カン、方位磁針にはねじり丸カンをつける。
4　1の片端には丸カン(大)を反対側の端には丸カンと引き輪をつける。
5　4に2、3をバランスよくつける。

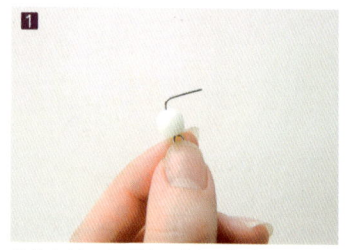

1 9ピンにビーズを通し、直角に曲げる。

直角に曲げた先を丸やっとこの丸みを利用して丸める。

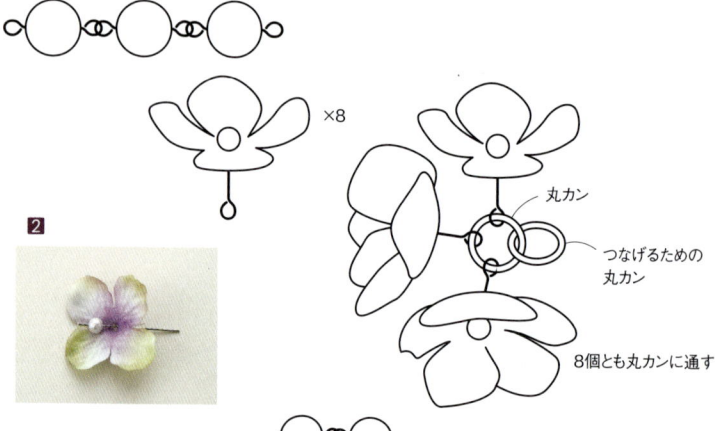

×8

2

丸カン
つなげるための丸カン
8個とも丸カンに通す

丸カン2個
ねじり丸カン
ドッグタグ
引き輪
丸カン
方位磁石

この本で使用したステッチ

フレンチノットステッチ

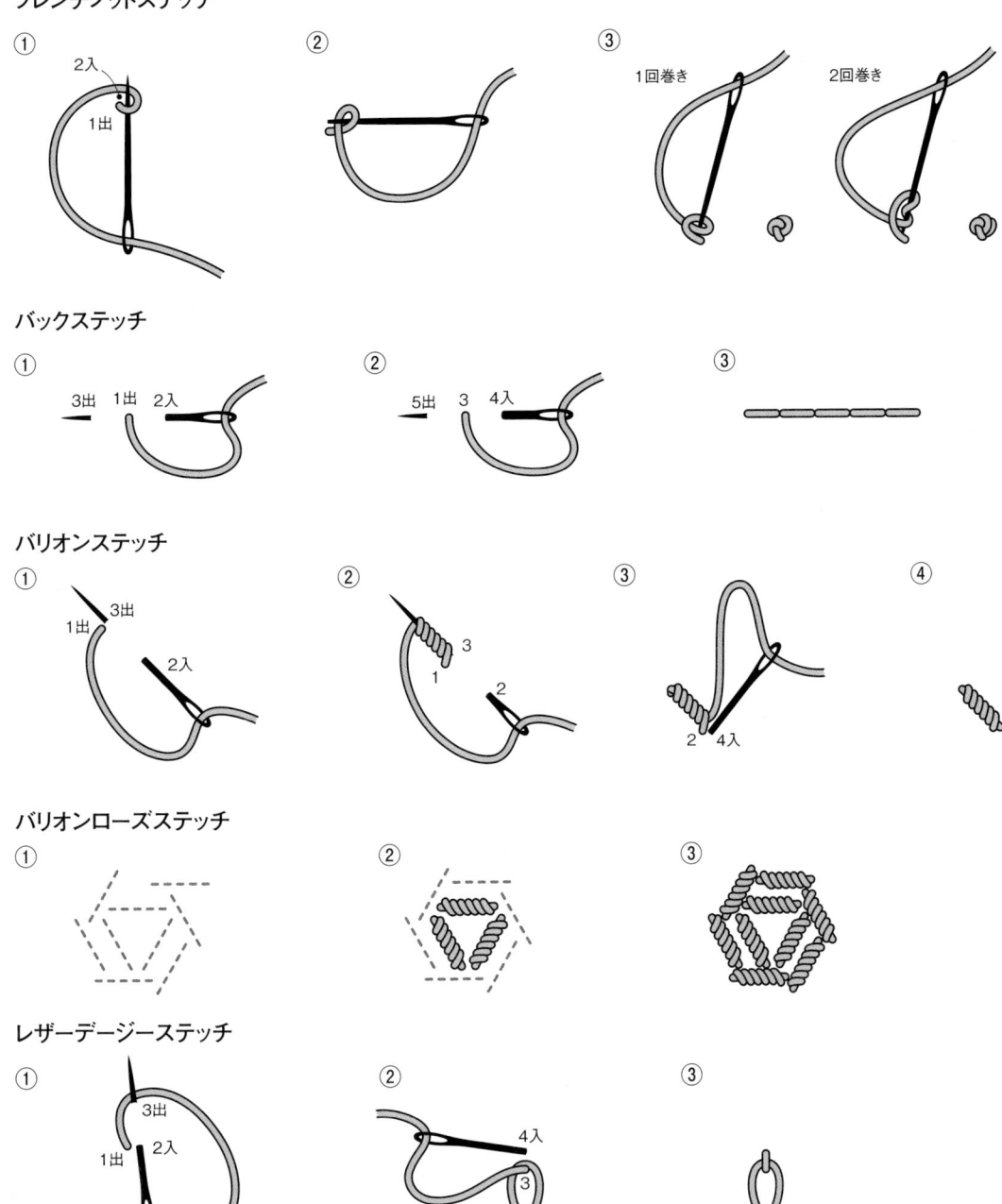

① 2入 1出　② 　③ 1回巻き　2回巻き

バックステッチ

① 3出 1出 2入　② 5出 3 4入　③

バリオンステッチ

① 1出 3出 2入　② 3 1 2　③ 2 4入　④

バリオンローズステッチ

①　②　③

レザーデージーステッチ

① 3出 1出 2入　② 4入 3 1 2　③

作品デザイン・制作
あかぎひとり　内田瑞恵　夛田由実子

staff
ブックデザイン／堀江京子(netz)
撮影／佐山裕子(主婦の友社写真室)
モデル／片山知愛
スタイリング／道広哲子
トレース／ファクトリー・ウォーター　原田鎮郎
企画・編集／大割里美
編集デスク／小野貴美子

素材提供
メルヘンアート株式会社
〒130-0015　墨田区横網 2-10-9
☎ 03-3623-3760
www.marchen-art.co.jp

撮影協力
AWABEES
〒151-0051　渋谷区千駄ヶ谷 3-50-11-5F
☎ 03-5786-1600

パーツを使って　アクセサリーと布こもの
著　者　あかぎひとり　内田瑞恵　夛田由実子
発行者　荻野善之
発行所　株式会社 主婦の友社
　　　　東京都千代田区神田駿河台 2-9
　　　　☎ 03-5280-7521（編集）
　　　　☎ 03-5280-7551（販売）
印刷所　図書印刷株式会社

© Mizue Uchida　Yumiko Tada　Hitori Akagi & Shufunotomo.co.Ltd 2010 Printed in Japan
ISBN 978-4-07-272187-2

Ⓡ〈日本複写権センター委託出版物〉
本書を無断で複写複製（コピー）することは、著作権法上の例外を除き、禁じられています。
本書をコピーされる場合は、事前に日本複写権センター(JRRC)の許諾を受けてください。
JRRC ＜http://www.jrrc.or.jp　eメール:info@jrrc.or.jp　電話:03-3401-2382＞

■ 乱丁本、落丁本はおとりかえいたします。お買い求めの書店か、資材刊行課（電話:03-5280-7590）へご連絡ください。
■ 記事の内容に関するお問い合わせは、出版部（電話:03-5280-7537）まで。
■ 主婦の友社発行の書籍・ムックのご注文、雑誌の定期購読のお申し込みは、お近くの書店か、主婦の友社コールセンター（電話:049-259-1236）まで。
※お問い合わせ受付時間　土・日・祝日を除く月～金 9:30～17:30
■ 主婦の友社ホームページ　http://www.shufunotomo.co.jp/